Die Stiftskirche St. Kassian

Kollegiatstift Unserer Lieben Frau zur Alten Kapelle (Hg.)

DIE STIFTSKIRCHE ST. KASSIAN

Regensburgs älteste Pfarrkirche

SCHNELL + STEINER

Abbildung der vorderen Umschlagseite: Innenraum der Stiftspfarrkirche St. Kassian
Abbildung der hinteren Umschlagseite: Der heilige Kassian im Kreis seiner Schüler, Deckenfresko im nördlichen Seitenschiff
Frontispiz: Schlussstein des heiligen Kassian

Herausgeber: Kollegiatstift Unserer Lieben Frau zur Alten Kapelle,
vertreten durch Stiftsdekan Prof. Dr. Norbert Glatzel
Redaktion: Michael Feil und Christian Wanninger

Bibliografische Information der Deutschen Nationalbibliothek:
Die Deutsche Nationalbibliothek verzeichnet diese Publikation in der Deutschen Nationalbibliografie; detaillierte bibliografische Daten sind im Internet über http://dnb.dnb.de abrufbar.

1. Auflage 2015

Umschlaggestaltung: Anna Braungart, Tübingen
Satz: typegerecht, Berlin
Druck: Erhardi Druck GmbH, Regensburg

ISBN 978-3-7954-3008-5

Weitere Informationen zum Verlagsprogramm erhalten Sie unter:
www.schnell-und-steiner.de

Inhalt

Geleitwort des Bischofs

Die Kassianskirche ist in mehrfacher Hinsicht eine Perle des Bistums Regensburg und womöglich auch über die Bistumsgrenzen hinaus. Zunächst ist sie eine der ältesten Kirchen und wahrscheinlich sogar die älteste »Bürgerpfarrkirche« in Regensburg. Sie führt uns die Geschichte der Kirche in unserer Stadt vor Augen in einer Zeit, in der das Bistum Regensburg noch nicht kanonisch errichtet war, in einer Zeit, in der der Metropolit noch nicht in München und auch nicht in Salzburg wie etwa seit dem 9. Jahrhundert, sondern im oberitalienischen Aquileia saß. Heute sprechen viele von Regensburg als der »nördlichsten Stadt Italiens« u.a. wegen der gotischen Plätze. In einer gewissen Weise war dies wahrscheinlich im ersten Jahrtausend schon einmal Realität. Das Patrozinium des heiligen Kassian, dessen Verehrung vorwiegend in Tirol anzutreffen ist, und der der Bistumspatron des Bistums Bozen-Brixen ist, schlägt diese Brücke in den Süden. Auffällig ist in jedem Fall, dass das Patrozinium nördlich der Alpen singulär ist.

Spätestens seit der ersten urkundlichen Erwähnung der Kassianskirche im Jahr 885 hat sie bis heute als Ort vor allem auch der Verehrung der Jungfrau und Gottesmutter Maria die Regensburger Frömmigkeitsgeschichte entscheidend mitgeprägt. Die Wallfahrt zur Schönen Maria war im 18. und 19. Jahrhundert hierfür bestimmend. Ausdruck einer biblisch fundierten, Altes und Neues Testament verbindenden Marienverehrung sind die wunderbaren Fresken mit ihren Marientypologien. Maria wird darin gezeigt als die von Gott auserwählte Erfüllung und Überbietung aller alttestamentlichen Frauen-, Mutter- und Rettergestalten. Joseph Ratzinger gab seiner bedeutenden Marienabhandlung den Titel »Tochter Zion«, womit im Alten Testament das Gottesvolk Israel bezeichnet wird. Maria zeigt sich offen für Gott und ist dadurch in der Lage, Ihn als den wahren Retter zur Welt zu bringen. Zwei Tage nach dem Gedenktag des heiligen Kassian feiert die Kirche das Fest der Aufnahme Mariens in den Himmel. In diesen Tagen des August wäre ein Besuch der Stiftspfarrkiche St. Kassian besonders lohnenswert.

Doch zurück zum Patron der Kirche. Der heilige Kassian von Imola, dessen Gedenktag die Kirche am 13. August begeht, ist eine besondere Gestalt. Wir wissen nicht viel über ihn, aber es spricht manches dafür, dass er, der als Märtyrer gestorben ist, ein vorbildlicher »Weltchrist« war. So wird von ihm berichtet, dass er als Lehrer in Imola die Schüler nebenbei für den christlichen Glauben gewinnen konnte. »Dorthin hatte er sich nämlich begeben und begonnen, Elementarunterricht zu geben. Denn St. Kassian glaubte, ›kein Amt sei in der Kirche nützlicher und mehr imstande, den Christenglauben aufrecht zu erhalten, als das des christlichen Schullehrers. Darum befliß er sich mit aller möglichen Sorgfalt, die Kinder zu unterrichten, und indem er sie Lesen und Schreiben lehrte, gewann er sie zugleich für die Frömmigkeit und erzog sie in der Furcht Gottes‹, schreibt Johannes von la Salle, der Vater des Lehrerstandes, von ihm« (Nietert, Bernhard: Sankt Kassian, der Lehrer-Märtyrer, in: Regensburger Bistumsblatt vom 13. Oktober 1957, S. 5, freundlicherweise übermittelt von Frau Dr. A. Treiber). Sein christliches Engagement wurde ihm in der Christenverfolgung zum Verhängnis. Er wurde zum Tod verurteilt. Das Urteil vollstreckten die Schüler mit ihren Griffeln. Das Instrument, mit dem sie von Kassian das Schreiben gelernt haben, das Ausdruck der Hochkultur ist, wird zum unmenschlichen

Folter- und Mordinstrument. Der heilige Kassian wird neben Johannes Baptist de la Salle als Patron der Lehrer und Erzieher verehrt. Ich denke, auch heute können Lehrer einiges von seiner Geschichte lernen.

Schon diese wenigen Punkte zeigen, dass es eine außerordentlich verdienstvolle Arbeit war, die Stiftspfarrkirche St. Kassian wieder so instand zu setzen, als wäre sie ganz neu gebaut. Dem Stiftskapitel Unserer Lieben Frau zur Alten Kapelle gebührt hierfür mein besonderer Dank, aber ebenso allen anderen, die zu dem wunderschönen Ergebnis beigetragen haben.

Mögen die Menschen, die die Kirche in Zukunft besuchen, sich anrühren lassen von der Schönheit der Kunst und sich öffnen lassen für Gottes Gnade in ihrem eigenen Leben.

Regensburg am Fest der Aufnahme Mariens in den Himmel, 15. August 2015

Bischof von Regensburg

Geleitwort des Stiftsdekans

Das Stiftskapitel unserer Lieben Frau von der Alten Kapelle ist stolz auf das kulturelle Erbe, das ihm in seiner über 1000-jährigen Geschichte zugewachsen ist. Dieses gilt es zu pflegen.

Dass das nicht nur eine reine Freude, sondern oft auch eine schwere Last sein kann, braucht wohl nicht betont zu werden. Es sind vor allem die historischen Gebäude, an denen der Zahn der Zeit stetig nagt, die zu unterhalten und die immer wieder mit erheblichen Kosten zu sanieren sind.

Von welchen Gebäuden ist hier die Rede: Es sind die Gebäude zwischen dem Alten Kornmarkt, der Speichergasse, der Drei-Kronen-Gasse und der Salzburger Gasse, die sich fast alle im Eigentum des Kollegiatstifts der Alten Kapelle befinden. Dazu kommen die St. Kassianskirche und das an sie angebaute Kanonikerhaus.
Alle diese jahrhundertealten, denkmalgeschützten Gebäude bedürfen immer wieder einer substanzerhaltenden Restaurierung.

Als mich das Stiftskapitel im Dezember 2005 mit dem Amt des Administrators betraute, legte man mir ans Herz, mich um die Renovierung der St. Kassianskirche zu kümmern, der Stiftspfarrkirche, die außen und innen erhebliche Schäden aufwies.

Welche Probleme mit dieser Aufgabe verbunden waren, bedarf einer Rückblende. Am 20. Oktober 1944 zerstörten zwei Bomben den Eingangsbereich und die Wand am nördlichen Seitenschiff der Alten Kapelle. Die Wiederherstellung zog sich über zweieinhalb Jahre hin. Die Feuchtigkeit, die während dieser Zeit in die Kirche eingedrungen war, führte in der Folgezeit zu schweren Schäden und einer Gefährdung der Kirchenbesucher durch herabstürzende Stuckteile. Deshalb beschloss das Stiftskapitel in den 1980er Jahren, mit den angesammelten Rücklagen nicht wie vorgesehen St. Kassian zu restaurieren, sondern die Stiftskirche vorzuziehen.

Nach den nötigen Vorplanungen wurde die Stiftskirche 1986/87 außen und ab September 1990 bis 2003 innen restauriert. Die Kosten dafür betrugen etwa 26 Mio. DM, also etwa 13 Mio. Euro. Leider hat man damals nur die Kirche selbst, nicht aber die angrenzenden Gebäudeteile (Zandtkapelle, Kreuzgang, Sakristei usw.) in die Sanierung einbezogen.

Nach diesem Kraftakt sollte St. Kassian an die Reihe kommen. Da alle Rücklagen aufgebraucht waren, sollte das nötige Startkapital angesammelt werden. Aber schon bald machte ein neuer großer Schaden diesen Plan zunichte.

2004 fielen vom Turm der Kirche Dachziegel. Das Dach musste neu eingedeckt werden. Das geschah vom August 2004–2005. Kosten dafür: rund 200.000 Euro.

Bei einer Feier im Kapitelsaal, der sich im 1. Stock über der Sakristei befindet, fiel ein Riss in der barocken Decke auf, der in der Folgezeit sichtbar breiter wurde. Eine Untersuchung zeigte, dass durch Wasserschäden die gesamte Deckenkonstruktion verrottet war, an der die Stuckdecke hing. Statische Probleme machten es nötig, auch zwei Seiten des Kreuzgangs in die Sanierung einzubeziehen.

Die Arbeiten begannen im März 2006 und dauerten etwa ein Jahr mit Kosten von etwas über eine halbe Million Euro. St. Kassian musste also wieder warten.

Zwischenzeitlich waren aber dort die Schäden am Dach und bei den Fresken nicht kleiner geworden. Fachleute erklärten uns, dass die Fresken ohne baldige Eingriffe unrettbar verloren seien.

Deshalb wurde beschlossen, ohne entsprechende Rücklagen, die Renovierung in zwei Bauabschnitten – Außen- und Innenrenovierung – in Angriff zu nehmen, die je nach Finanzlage unmittelbar nacheinander bzw. mit zeitlicher Verzögerung durchgeführt werden sollten. Die Gesamtkosten für die Außensanierung waren im Vorfeld auf 2,6 Millionen Euro geschätzt worden.

Diese Sanierungsaufgabe ließ sich nicht aus eigener Kraft stemmen. Zu den Eigenleistungen in Höhe von 660.000 Euro steuerte die Diözese Regensburg 1.000.000 Euro bei. 700.000 Euro kamen vom Bund aus dem Denkmalschutz-Sonderprogramm, das der Beauftragte der Bundesregierung für Kultur und Medien, Staatsminister Naumann, bewilligte. 200.000 Euro erhielten wir von der Bayerischen Landesstiftung und 40.000 Euro vom Bezirk Oberpfalz.

Nach der Beauftragung des Architekturbüros A2 begannen 2007 die Voruntersuchungen, bei denen erhebliche Schäden am Dach und am Dachstuhl festgestellt wurden. Um diese Schäden beheben zu können, ohne den Stuck und die Fresken zu schädigen, musste im gesamten Innenraum ein Gerüst errichtet werden, das im Anschluss für die Innenrestaurierung genutzt werden sollte.

Diese Überlegungen griffen aber zu kurz. Die statischen Untersuchungen zeigten deutlich, dass die Kirche auf einem instabilen Fundament steht. Deshalb musste vor jedem weiteren Sanierungsschritt das Fundament an den kritischen Punkten statisch gesichert werden.

Nicht geplante archäologische Grabungen, um an die Fundamente der beiden vorderen Säulen zu kommen – die größten Schwachpunkte –, und die langwierigen Abstimmungen zwischen den Statikern und dem Landesamt für Denkmalpflege, wie die Sicherung der historischen Befunde und die notwendigen Maßnahmen zur Absicherung der Gebäudestatik, die in Einklang gebracht werden sollten, haben viel Zeit und nicht geplante Kosten verursacht. So sind die Restaurierungsmaßnahmen erst 2009 richtig in Gang gekommen.

Das Dach des Hauptschiffs wurde vor dem Wintereinbruch 2009 fertig, die Seitenschiffe folgten 2010. Die Putzerneuerung und die Reinigung der Natursteine des Chors schlossen die Außensanierung 2011 ab. Im November fiel das Gerüst. Die Kosten haben sich im geplanten Rahmen gehalten.

In den folgenden Wochen musste ich immer wieder die Frage beantworten: »Wann ist St. Kassian wieder offen?« Diese Frage war nicht leicht zu beantworten. Es galt zu untersuchen, welche Schäden im Inneren zu beheben waren, mit welchen Kosten und mit welchen privaten und öffentlichen Zuschüssen zu rechnen war.

Um die beiden ersten Fragen beantworten zu können, wurde im Frühjahr 2010 das Architekturbüro Feil beauftragt, das 2011 mit Fachleuten und den Vertretern der Denkmalpflege entsprechende Vorschläge machte. Man schätzte die Sanierungskosten für die Innenrenovierung auf 4 Mio. Euro.

Am Nikolaustag 2011 trafen sich im Kapitelsaal der Alten Kapelle unter der Leitung des Bayerischen Staatsministeriums für Wissenschaft, Forschung und Kunst Vertreter aller an der Finanzierung Beteiligten zu einem Gespräch, das folgenden Finanzierungsvorschlag machte:

Eigenleistung der Denkmaleigentümer:	457.200 Euro
Diözese Regensburg:	1.600.000 Euro
Bezirk Oberpfalz:	40.000 Euro
Stadt Regensburg: Mittel aus dem Fond für die Welterbestätten:	266.800 Euro
Bundesmittel: später um 50.000 gekürzt:	300.000 Euro
Deutsche Stiftung Denkmalschutz:	300.000 Euro
Bayerische Landesstiftung:	250.000 Euro
Entschädigungsfonds:	750.000 Euro
Gesamt:	3.964.000 Euro

Zu dieser Summe kommen die Kosten für die Zwischenfinanzierung, da die öffentlichen Zuschüsse erst nach der Fertigstellung ausgezahlt werden. Die niedrigen Kreditzinsen haben diese Kosten in einem leistbaren Rahmen gehalten.

Auf dieser Finanzierungsgrundlage konnte dem Architekturbüro Feil der Auftrag für den 2. Bauabschnitt gegeben werden. Die Arbeiten begannen 2012 und wurden – wie geplant – 2015 vollendet. Die Kosten werden sich im berechneten Rahmen halten.

Die Finanzierung ist eine Seite, die Auswahl der ausführenden Firmen eine andere. Um die 20 Firmen wirkten an der Außen- und mehr als 50 Firmen an der Innenrenovierung mit. Zum Teil waren Firmen mit den Arbeiten betraut, die schon bei der Renovierung der Stiftskirche beteiligt waren. Ihr Können war dem Stift bekannt, sie haben das in sie gesetzte Vertrauen nicht enttäuscht.

Für die Neugestaltung der liturgischen Orte wurde in enger Zusammenarbeit mit dem Kunstausschuss der Diözese Regensburg ein Künstlerwettbewerb durchgeführt. Dieser wurde von dem Architekten und Künstler Franz Steinberger gewonnen. Die Umsetzung seiner Ideen und Entwürfe kann als geglückt bezeichnet werden.

Bei allem Bemühen um die Finanzierung und die Auswahl der Firmen gab es aber auch unvergessene Tage. Für mich war das die Aufdeckung der Grundmauern der Vorgängerkirchen im Rahmen der statischen Stabilisierung, durch die ganz neue Erkenntnisse über die Baugeschichte gewonnen wurden.

Ich denke auch an die Entdeckung des Schlusssteins, der das Chorgewölbe während der gotischen Bauphase (vom Beginn des 14. Jahrhunderts bis etwa 1749) zierte – ein Arbeiter war bei Verpressungsarbeiten auf diesen Stein gestoßen.

Ich war glücklich, als nach einem harten Ringen mit dem Landesamt für Denkmalpflege ein Weg gefunden war, der die Fresken im Haupt- und in den Seitenschiffen wieder lesbar macht.

Schließlich habe ich mich gefreut, als auf unsere Bitten hin sich die Diözese Brixen, die Erzdiözese Bamberg und die Diözese Regensburg bereiterklärten, uns Reliquien für den neuen Volksaltar zu schenken: von dem heiligen Kassian, dem Patron der Stiftspfarrkirche, von dem heiligen Kaiser Heinrich II, der unser Stift neu begründet hat, und vom heiligen Wolfgang, dem Patron unserer Diözese.

Ich möchte allen danken, die an der Restaurierung von St. Kassian mitgewirkt haben: allen, die Mittel bereitgestellt haben, die geplant und beraten haben und den vielen, die diese Planungen mit ihren handwerklichen und künstlerischen Fähigkeiten umgesetzt haben. Nicht zuletzt gilt der Dank den Mitbrüdern im Stiftskapitel und den Mitarbeitern unseres Stifts, die erhebliche Mehrarbeit geleistet haben.

Nach allen Mühen der letzten Jahre kann St. Kassian wieder werden, was es vorher war – ein Haus des Gebetes.

Stiftsdekan Prof. Dr. Norbert Glatzel

PRIMA
ECCLESIA
S. CASSIANI & CIVIT
PAROCHIA

Eugen Trapp

Die Bau- und Ausstattungsgeschichte im Überblick

St. Kassian ist eine der ältesten Kirchen Regensburgs. Ihr Patron, der frühchristliche Märtyrer Kassian von Imola, war und ist nördlich der Alpen so gut wie unbekannt. Seine Verehrung konzentriert sich seit dem frühen Mittelalter auf Oberitalien und, ausgehend von Säben, auf das südliche Tirol. Erklären lässt sich die ungewöhnliche Patroziniumswahl sowohl aus der frühen Zugehörigkeit Regensburgs zum Patriarchat Aquileia als auch aus der 798 erfolgten Eingliederung Säbens in den bayerischen Kirchenverband.[1]

Erstmals urkundlich erwähnt wird die *Capella ad sanctum Cassianum* im Jahre 885. Dieser Vorgängerbau der heutigen Kirche blieb unversehrt, als Regensburg am 10. August 891 von einem verheerenden Stadtbrand heimgesucht wurde. Diesen glücklichen Umstand wertete man später gern als besonderen göttlichen Gnadenbeweis. Es gibt dafür jedoch auch eine profane Erklärung: Die Gefahr des Funkenflugs oder gar des Feuerüberschlags war für St. Kassian eher gering, denn die Kirche war aus Stein errichtet und von einem schützenden Friedhof umgeben.

Dieser spätkarolingische Bau, der den Beamten der am Alten Kornmarkt gelegenen Königspfalz als Pfarrkirche diente, verfügte über einen dreiapsidialen östlichen Abschluss. Die zwei Seitenapsiden sind bei den 2007 durchgeführten archäologischen Untersuchungen zum Vorschein gekommen (Codreanu-Windauer, Abb. 2 und 3, S. 53). Für die mittlere Apsis gibt es zwar keinen Baubefund, da sie in romanischer Zeit durch ein neues Presbyterium ersetzt wurde, doch lässt sie sich mit Blick auf Vergleichsbauten rekonstruieren.[2]

Fraglich ist, wie man sich die spätkarolingische Kassianskirche insgesamt vorstellen muss: Entsprach sie dem damals vor allem in Graubünden beliebten Typus des Dreiapsidensaals? Oder war sie trotz der lichten Weite von nur etwa 13 Metern dreischiffig gegliedert? Oder waren vielleicht die Apsiden gar nicht direkt an die Ostwand des Langhauses, sondern an ein querhausartiges Zwischenglied angesetzt? Diese letztgenannte Variante begegnet im frühen Mittelalter mehrfach im südlichen Alpen- und Adriaraum, was angesichts des von dort »importierten« Patroziniums durchaus kein Ausschlusskriterium für ihre Anwendung in Regensburg sein muss. Auch die sogenannte Kirche am Hang in Säben entsprach diesem Typus.[3]

Im 11./12. Jahrhundert wurde der Hauptchor nach Osten erweitert.[4] Möglicherweise hat die Kirche in einer zweiten romanischen Bauphase bereits ihre heutige Breite erhalten.[5]

Nordportal St. Kassian

1 Dazu Trapp, Eugen: St. Kassian in Regensburg. Anmerkungen zur mittelalterlichen Bau- und Ausstattungsgeschichte, in: Beiträge zur Geschichte des Bistums Regensburg 34 (2000), 147–170, hier 149–151; jüngst auch Codreanu-Windauer, Silvia/Zuber, Stephanie: Die Ausgrabung in St. Kassian zu Regensburg, in: Beiträge zur Archäologie in der Oberpfalz und in Regensburg 9 (2011), 265–310, hier 297 f.

2 Codreanu-Windauer, Silvia/Zuber, Stephanie: St.-Kassians-Platz 1 (Stiftskirche St. Kassian). Neues zur mittelalterlichen Baugeschichte, in: Denkmalpflege in Regensburg 11 (2009), 290–292; Codreanu-Windauer/Zuber 2011 (wie Anm. 1), bes. 287 f.

3 Dazu ausführlich Codreanu-Windauer/Zuber 2011 (wie Anm. 1), 294–300.

4 Ebd., 300.

5 So Schmidt, Michael: Der Schlussstein des hl. Kassian – deponiert und wieder geborgen. Ein ungewöhnlicher Skulpturenfund aus der Stiftspfarrkirche St. Kassian, in: Denkmalpflege in Regensburg 12 (2011), 51–60, hier 52.

Offenbar infolge eines Brandes[6] kam es um 1300 zu einem grundlegenden Neubau. Finanziell ermöglicht oder zumindest erheblich gefördert wurde dieses ambitionierte Unternehmen durch die Patrizierfamilie Zant. Diese war dem Kollegiatstift der Alten Kapelle, dem St. Kassian seit 1224/25 als Pfarrkirche inkorporiert ist, eng verbunden.[7] Eine aus St. Kassian stammende, leider nur fragmentarisch erhaltene Bauinschrift, die heute im angrenzenden Stiftsgebäude St.-Kassians-Platz 7 vermauert ist, nennt den Schultheiß Konrad Zant – er bekleidete dieses Amt von 1298 bis 1308 – sowie die Jahre 1304 und 1308. Ferner war bis um die Mitte des 18. Jahrhunderts in den Boden des Hauptchors ein Gedenkstein mit der Jahreszahl MCCCXI eingelassen.[8]

Wenngleich sich keine dieser Jahresangaben mehr mit einem konkreten Ereignis verbinden lässt, bilden sie in der Zusammenschau doch eine wertvolle Datierungshilfe für den hochgotischen Bau. Zumindest dessen Ostteile wurden ausweislich zweier am südöstlichen Rundpfeiler des Langhauses erhaltener identischer Steinmetzzeichen, die um 1300 auch am Dom begegnen, von Mitgliedern der Dombauhütte ausgeführt.[9] Dies verwundert allein schon deshalb nicht, weil die Zant damals zu den Hauptfinanciers der neuen Bischofskirche gehörten.[10] Überdies war die Tätigkeit von Steinmetzen der Dombauhütte für andere Auftraggeber damals durchaus üblich.[11]

Der heute noch sichtbare Baubestand lässt von der architektonischen Qualität der hochgotischen Kassianskirche kaum noch etwas erkennen. Umso aufschlussreicher ist ein Kupferstich (Schmidt, Abb. 6, S. 32), der das Aussehen des Presbyteriums unmittelbar vor Beginn der Umgestaltung im Rokokostil festhält. Demnach wies der gotische Hauptchor gleich zwei Besonderheiten auf: Maßwerkfenster, die anstelle des üblichen Spitzbogens einen geraden oberen Abschluss besitzen, und ein auf schlanken Diensten ruhendes Gewölbe, dessen Segel am Fuß jeweils von einem Vierpass-Oculus durchbrochen waren. Sowohl dieses technisch anspruchsvolle Ziermotiv als auch das ungewöhnliche Rechteckformat der Fenster eröffnen direkte Bezüge zum Regensburger Dom und seinen französischen Vorbildern. Zu nennen sind hierbei insbesondere die Kathedrale von Bourges (Oculi in den Gewölbesegeln des Chors) und die königliche Schlosskapelle von Saint-Germain-en-Laye (Fenster).[12] Nach Frankreich weisen auch die stilistischen Wurzeln des ehemaligen Schlusssteins, der eine Büste des hl. Kassian zeigt und sich durch die Lebendigkeit der Physiognomie vom Standard der zeitgenössischen Regensburger Skulptur abhebt (Schmidt, Abb. 1, S. 60).[13]

Zu dieser hochgotischen Bauphase gehört auch die ehemalige Sakristei im Zwickel zwischen Haupt- und nördlichem Nebenchor (Abb. 2). Vermutlich wegen ihrer Kleinheit ist dieser Raum, dessen fünfstrahliges Rippengewölbe auf Kopfkonsolen ruht, von späteren Veränderungen verschont geblieben.

Das Langhaus wuchs damals – unter Beibehaltung der bestehenden Mittelschiffbreite – jedoch zunächst nur um ein Joch nach Westen. Das erste Freipfeilerpaar entsprach mit seinen zweistufigen Achtecksockeln (Codreanu-Windauer, Abb. 2 und 3, S. 53) durchaus noch dem in der Chorarchitektur vorgegebenen Qualitätsniveau. Allerdings fällt auf, dass beim Sockel des südlichen Rundpfeilers die

Abb. 1: Ehemalige Sakristei, um 1300/1310

6 Vgl. ebd.
7 Vgl. Trapp (wie Anm. 1), 152 (Inkorporation) u. 154 (Zant). Zu den Verbindungen der Zant zum Kollegiatstift ausführlicher Hoernes, Martin: Die mittelalterlichen Kapellenbauten an der Stiftskirche zur Alten Kapelle. Beziehung zwischen Stift und Stadt, in: Schiedermair, Werner (Hg.): Die Alte Kapelle in Regensburg, Regensburg 2002, 124–134, hier 130–133.
8 Dazu erstmals Sydow, Jürgen: Bemerkungen zu der bei St. Kassian aufgedeckten Inschrift, in: Verhandlungen des Historischen Vereins für Oberpfalz und Regensburg 96 (1955), 437f.
9 Codreanu-Windauer/Zuber 2011 (wie Anm. 1), 291; Schmidt (wie Anm. 5), 52f.; Fuchs, Friedrich: Die Steinmetzzeichen am Regensburger Dom, in: Hubel, Achim/Schuller, Manfred (Hg.): Der Dom zu Regensburg (= Die Kunstdenkmäler von Bayern, Neue Folge, Bd. 7), Textband 1, Regensburg 2013, 413–458, hier 443.
10 Vgl. Dirmeier, Artur: Die Zant. Geschichte und architektonisches Erbe einer Patrizierfamilie, in: Dirmeier, Artur/Wittenzellner, Wido (Hg.): Die Spitalkirche zu Regensburg. Mausoleum der Zant, Regensburg 2000, 147–158, hier 155.
11 Dazu Fuchs (wie Anm. 9), 442–447.
12 Hierzu ausführlich Schmidt (wie Anm. 5), 53f.
13 Dazu Schmidt (wie Anm. 5), besonders 56.

Seiten nicht konkav eingezogen sind und die Profilierung schlichter gehalten ist als bei seinem aufwendig gearbeiteten nördlichen Gegenstück. Vermutlich ist es schon frühzeitig zu Finanzierungsproblemen gekommen. Ein erstes Indiz dafür könnte sein, dass 1319 sechs Bischöfe Ablässe für Spenden zugunsten der Kassianskirche erteilten.[14] Acht Jahre später, 1327, versprachen gar 13 hohe kirchliche Würdenträger all jenen einen Ablass, die einen Beitrag zum Bauunterhalt leisteten, da die unvollendete Kirche vom Einsturz bedroht sei.[15] Im gleichen Jahr spendete Irmgard die Gumprechtin sechs Pfund Regensburger Pfennige, damit man den mittleren Altar *»höher hebe«*.[16] Dies ist die letzte bekannte Maßnahme am hochgotischen Neubau, ehe dieser ausweislich eines Steinmetzzeichens und eines Münzfundes in den 1380er-Jahren mit der Errichtung einer westlichen Abschlussmauer eingestellt wurde.[17] Diese Westwand verlief in Höhe des zweiten Freipfeilerpaars von Osten. Dass diese beiden Pfeiler zur Aufnahme der nach Osten ansetzenden Arkaden ursprünglich nur als Halbpfeiler ausgebildet waren, ist noch heute abzulesen (Abb. 2).

In der zweiten Hälfte des 15. Jahrhunderts verschlechterte sich der bauliche Zustand von St. Kassian zusehends. 1451 und 1471 stellten die jeweiligen päpstlichen Legaten in Deutschland, Nikolaus Cusanus bzw. Francesco Todeschini-Piccolomini, all jenen einen Ablass in Aussicht, die für den Unterhalt der Kirche spendeten.[18] Drei Jahre später – vermutlich nach dem Orkan, der am 29. Juni 1474 in ganz Bayern schwere Schäden angerichtet hat – wies der Rat der Stadt auf die Gefährdung der Gläubigen durch herabstürzende Bauteile hin und drängte das Stiftskapitel zu einem Neubau. Joseph Hayden, der damalige Stiftsdekan und Pfarrer von St. Kassian, kam dieser Forderung bereitwillig nach.[19]

Die hochgotische Kirche wurde nun durchgreifend instandgesetzt und zumindest im Inneren mit erstaunlichem Aufwand dem spätgotischen Zeitgeschmack angepasst: Der Chorbogen erhielt einen dekorativen kielbogigen Abschluss, das südliche Chorjoch wurde mit Blendmaßwerk geschmückt und anstelle einer schlichten Sakramentsnische gönnte man sich ein skulptural reich gestaltetes Sakramentshaus (vgl. Schmidt, Abb. 2, S. 61). Der Rat der Stadt beteiligte sich durch die Bestellung eines neuen Fensters bei dem Glasmaler Konrad an den Kosten.[20] Ob das auf dem Kupferstich dargestellte Figurenpaar am Chorbogen, wohl eine Verkündigungsgruppe, ebenfalls neu angeschafft oder von der hochgotischen Ausstattung übernommen wurde, ist unklar.

Am Langhaus ließ das Kollegiatstift damals nicht nur die Bauschäden beheben und das Mauerwerk des Hochschiffs sowie der Seitenschiffe erneuern. Es nützte auch die Gelegenheit, die Kirche um ein Joch sowie einen – im 18. Jahrhundert veränderten – Emporenbau mit zwei Kapellen nach Westen zu erweitern.[21] Vom Abschluss dieser Arbeiten kündet das 1477 datierte Wappen Haydens am Giebel (Abb. 3). Auch bezüglich der Verschönerung des Inneren engagierte sich der Stiftsdekan, indem er auf eigene Kosten den Erasmusaltar neu errichten ließ.[22] Ihren künstlerischen Höhepunkt aber scheint

Abb. 2: Mittelpfeiler der südlichen Arkadenreihe, ein zum Freipfeiler umgearbeiteter Halbpfeiler, um 1380/90 und 1476/77

14 Ried, Thomas: Historische Nachrichten von den Pfarreyen in Regensburg überhaupt, insbesondere von der uralten Pfarr (Bürgerpfarr) und nachmaligen Wallfahrtskirche zu St. Kassian, 1813 (Historischer Verein für Oberpfalz und Regensburg, MS R 190).

15 Ebd. und Schmid, Joseph: Die Geschichte des Kollegiatstiftes U. L. Frau zur Alten Kapelle, Regensburg 1922, 255.

16 Ried (wie Anm. 14).

17 Dazu Codreanu-Windauer/Zuber 2011 (wie Anm. 1), 291; speziell zur Münze Emmerig, Thomas: Die Fundmünzen aus der Pfarrkirche St. Kassian in Regensburg, in: Beiträge zur Archäologie in der Oberpfalz und in Regensburg 9 (2011), 311–318, hier 317 Nr. 8.

18 Schmid (wie Anm. 15).

19 Gemeiner, Carl Theodor: Reichsstadt Regensburgische Chronik (4 Bde.), Bd. 3, Regensburg 1821, 543.

20 Stadtarchiv Regensburg, Reichsstadt Regensburg, Cameralia 17, fol. 169v.; Trapp (wie Anm. 1), 155.

21 Bauforscherisch konnte keine Naht zwischen hochgotischem Bau und der Erweiterung der 1470-er Jahre nachgewiesen werden; vgl. Kagermeier, Monika: Die Stiftskirche St. Kassian in Regensburg. Baugeschichte – Restaurierung – Vorbereitende Untersuchungen für ein Sanierungskonzept (Masterarbeit Univ. Bamberg 2006).

22 Ried (wie Anm. 14).

die spätgotische Ausstattungsphase im Jahre 1498 mit der Stiftung eines neuen Hochaltars durch den damaligen Pfarrvikar Peter Veichtner gefunden zu haben. Dieses von der Thronfigur des hl. Kassian dominierte Retabel (Abb. 4) ist zumindest in seinen wesentlichen Teilen auf uns gekommen.[23] Die sieben spätmittelalterlichen Seitenaltäre sind dagegen nur noch archivalisch nachzuweisen.[24]

Im 16. Jahrhundert beschränkte sich das Kollegiatstift infolge knapper Finanzen zunächst auf die Behebung der dringendsten Baufälle. Dafür erhielt es bis 1512 aus dem Nachlass des 1505 verstorbenen reichsstädtischen Juristen Dr. Johannes Trabolt insgesamt 25 Gulden für diverse Reparaturen, und 1524 konnte es sich immerhin leisten, das Dach von St. Kassian neu decken zu lassen.[25]

Durch die Ausbreitung der Reformation und den Übertritt von Pfarrangehörigen zum evangelischen Glauben verschlimmerte sich die wirtschaftliche Situation der Stiftspfarrei abermals.[26] Erst 1561/62 kam es wieder zu nennenswerten Arbeiten: Die Schindeln der drei Chordächer wurden erneuert, die Fenster erhielten eine neue Verglasung und der Innenraum wurde getüncht. Interessant sind zwei Einträge ins Ausgabenbuch, wonach im Sommer 1561 vier Zimmergesellen *»an prettern zum getaefl«* gearbeitet haben und anschließend ein Gerüst aufgestellt wurde, *»damit man das tafflwerckh in der Höehe mug anschlagen«*. Dies könnte bedeuten, dass Teile der Kirche, wohl das Mittelschiff, eine hölzerne Kassettendecke erhalten haben.[27]

Repariert und mittels Eisenbändern stabilisiert wurde 1561 auch der damals arg windschiefe Turm, der sich seit der spätgotischen Erweiterung des Langhauses mitten über der Kirche befand. Wie man sich diese Konstruktion genau vorstellen muss, ist fraglich. Denkbar wäre, dass die in den 1380er-Jahren errichtete westliche Abschlussmauer von einem Giebelreiter bekrönt war, den man bei der spätgotischen Erweiterung in die neue Dachkonstruktion integriert hat.[28]

Nachdem es sich bei all den im 16. Jahrhundert ausgeführten Arbeiten überwiegend um Notsicherungen gehandelt hatte, beschloss das Stiftskapitel Ende 1601 eine grundlegende Sanierung der damals als *»templum ruinosum«* beschriebenen Kirche.[29] Das ganze Jahr 1602 war der Materialbeschaffung vorbehalten: Allein 11.500 Steine und 186 Baumstämme wurden erworben und auf der Südseite der Kirche gelagert, um ab dem Frühjahr 1603 die Arbeiten zügig ausführen zu können.[30] Das Mittelschiff erhielt nun ein komplett neues, steileres Dach, und die Seitenschiffe wurden etwas erhöht und ebenfalls mit neuen Dächern versehen. Das alte Türmchen hat man wiederverwendet, jetzt aber nicht mehr mit Schindeln, sondern mit Blech gedeckt. Zur besseren Belichtung des Kirchenraums brach man in die Nebenchöre, in das südliche Seitenschiff und in die Westfassade größere Fenster ein. In diesem Zusammenhang stellte das Stiftskapitel im April 1604 beim Bischof den Antrag auf Abbruch des Erasmus- und des Johannes-Baptista-Altars, da diese die Kirche verdunkelten und der Herstellung der neuen Fenster im Weg stünden.[31] Die Genehmigung scheint allerdings ausgeblieben zu sein, da diese beiden Altäre noch bis in die erste Hälfte des 18. Jahrhunderts Erwähnung finden.[32]

Die Statik des Türmchens bereitete schon bald wieder Probleme. Nach einem Beschluss des Stiftskapitels vom 30. April 1626 wurde es schließlich abgebrochen und weiter westlich als Giebelreiter in barocken Formen neu errichtet (Schmidt, Abb. 6, S. 32).[33]Abgesehen von diversen 1679/80 ausgeführten Reparaturen, für die unter anderem der Maler Jakob Heibel entlohnt wurde,[34] scheint es nun bis um die Mitte des 18. Jahrhundert zu keinen größeren Arbeiten mehr gekommen zu sein. Diese

23 Dazu Trapp (wie Anm. 1), 159–162.
24 Dazu Trapp (wie Anm. 1), 162–165.
25 BZAR, Alte Kapelle 3762; Trapp (wie Anm. 1), 157.
26 Ried (wie Anm. 14).
27 BZAR, Alte Kapelle 3764.
28 Ebd.; Schmid (wie Anm. 15), 256. Zur Geschichte des Turms vgl. Codreanu-Windauer/Zuber 2011 (wie Anm. 1), 302.
29 Kapitelsprotokoll vom 23.11.1601 (BZAR, Alte Kapelle, Amtsbuchserien 2, fol. 205). Das Zitat nach der 1604 in der Kirche angebrachten Tafel zur Erinnerung an die Sanierung.
30 BZAR, Alte Kapelle, Amtsbuchserien 2, fol. 211; Amtsbuchserien 1538. Zum Holz (Fälldaten 1593–1602) Kagermeier (wie Anm. 21), 60.
31 BZAR, Alte Kapelle, Amtsbuchserien 2, fol. 260 f.; zu den beiden Altären ausführlich auch Trapp (wie Anm. 1), 157 u. 162 f.
32 Dazu John, Sabine/Nadler, Stefan: Kath. Stiftspfarrkirche St. Kassian in Regensburg. Dokumentation zur Bau-,

Abb. 3: Stein mit Wappen des Stiftsdekans Joseph Hayden an der Westfassade, 1477

Abb. 4: Ansicht des Kassiansaltars vor der Demontage. Anonymer Kupferstich (1754/55) aus Joseph Resch: Annales Ecclesiae Sabionensis nunc Brixinensis, Bd. 1, Augsburg 1760

Nachlässigkeit beim Bauunterhalt rächte sich. Im Herbst 1746 zwang der katastrophale Zustand der Dächer, insbesondere des Dachstuhls über dem nördlichen Seitenschiff, zu sofortigem Handeln. Das Stiftskapitel setzte alle Hebel in Bewegung, um möglichst schnell an die benötigten Mengen an Bauholz und Ziegeln zu kommen.[35]

Nicht ohne Grund wird das Stiftskapitel in dieser schwierigen Situation den überaus tatkräftigen Johann Anton Göz zum Pfarrvikar von St. Kassian gewählt haben. Mit ihm begann in der Tat ein neues Kapitel in der langen Geschichte der Stiftspfarrkirche. Göz ließ 1747 eine von Hans Leinberger geschaffene Skulptur der sogenannten Schönen Maria auf dem Hochaltar aufstellen, um so die spätmittelalterliche Wallfahrt zur Schönen Maria von Regensburg wieder zu beleben.[36]

Ausstattungs- und Restaurierungsgeschichte, Typoskript, München 2015, 24 f.

33 Gumpelzhaimer, Christian Gottlieb: Regensburg's Geschichte, Sagen und Merkwürdigkeiten (4 Bde.), Bd. 3, Regensburg 1838, 1108; Schmid (wie Anm. 15), 257 f.; Trapp (wie Anm. 1), 157.

34 BZAR, Alte Kapelle, Amtsbuchserien 122, 235; zu Heibel (Heybel) vgl. Thieme, Ulrich/Becker, Felix (Hg.): Allgemeines Lexikon der bildenden Künstler, Bd. XVII, Leipzig 1924, 14 f.; weitere Reparaturen dokumentiert in BZAR, Alte Kapelle 1450–1453.

35 BZAR, Alte Kapelle 663.

36 Vgl. Paricius, Johann Carl: Allerneueste und bewährte Nachricht von der des Heil. Röm. Reichs Freyen Stadt Regensburg, Regensburg 1753, 485; Schmid (wie Anm. 15), 258 f. Zur Marienstatue grundlegend Hubel, Achim: Die »Schöne Maria« von Regensburg. Wallfahrten – Gnadenbilder – Ikonographie, in: Mai, Paul (Hg.): 850 Jahre Kollegiatsift St. Johann in Regensburg 1127–1977, München/Zürich 1977, 199–239, hier 221–223.

Der ökonomische Erfolg blieb nicht aus.[37] Das Stiftskapitel konnte schon nach kurzer Zeit eine grundlegende Modernisierung seiner Pfarr- und nunmehrigen Wallfahrtskirche ins Auge fassen.

Aus dem Chor wurde die gotische Bauzier ausgeschlagen, die an den Ecken des Chorbogens angebrachten Heiligenfiguren und das Sakramentshaus wurden entfernt. Allein den Schlussstein des Chorgewölbes – er zeigt den Kirchenpatron – wollte man als Zeugnis der Geschichte bewahren und vermauerte ihn als Spolie in der Südwand.[38] Um an den Wänden des Mittelschiffs Platz für großflächige Malereien und Stuckaturen zu gewinnen, ließen die Kanoniker 1749 die Decke etwas anheben und in die gotischen Arkaden flachere Scheidbögen einfügen. Diese bestehen aus einem mit Kalkmörtel und Holzkohle gefüllten, verputzten Lattengerüst[39] – ein damals nicht unüblicher Kunstgriff, um mit geringen Mitteln eine neue Raumschale herzustellen.

Zur Ausführung der Stuckaturen engagierte das Stiftskapitel allem Anschein nach den Wessobrunner Meister Anton Landes (1712–1764), der schon seit 1750 in der Alten Kapelle tätig war.[40] Seine Arbeiten in St. Kassian datierte er über dem Chorbogen mit der Jahreszahl 1754. Den Auftrag für das Fresko am Plafond des Mittelschiffs scheinen die Kanoniker dem Prüfeninger Maler Otto Gebhard erteilt zu haben.[41] Alle anderen Malereien führte in den Jahren 1754, 1756 und 1758 Gottfried Bernhard Göz aus.[42] Während seiner letzten Saison wurde er von zwei Gehilfen, dem Augsburger Johann Joseph Hueber und dem aus Waldsee im Allgäu stammenden Franz Joseph Maucher, unterstützt. Die zwei jungen Maler sind als *»ser honete leuthe«* in die Annalen des Stifts eingegangen.[43]

Im Frühsommer 1758, sofort nach dem Abbau der Gerüste in den Seitenschiffen, wurde das aus vier Blöcken bestehende Laiengestühl aufgestellt.[44] Am 2. März 1759 verpflichtete sich der damals in Stadtamhof ansässige Bildhauer Johann Baptist Dirr vertraglich, bis spätestens Allerheiligen *»nach dem bereits geliferten Modell* [Schmidt, Abb. 7, S. 35] *… nebst einigen mündlich verabredeten kleinen Änderungen«* den neuen Hochaltar auszuführen.[45] Dieser ermöglichte es, die Marienfigur nun endlich in angemessener Form als Gnadenbild zu präsentieren. Um den dafür nötigen Platz zu schaffen, wurde das spätgotische Kassiansretabel zerlegt. Die vier Flügelreliefs hängte man als Geschichtszeugnisse an den Chorwänden auf, der Rest landete auf dem Dachboden.[46] Die Vollendung der neuen Seitenaltäre durch den Stadtamhofer Fassmaler- und Vergolder Georg Kaspar Zellner zog sich bis 1769 hin.[47]

Als im Zuge der Säkularisation die dem Dom benachbarte Kirche des Kollegiatstifts zu den Heiligen Johannes Baptist und Evangelist verkauft werden sollte, erging 1811 die staatliche Anordnung, Orgel und Chorstühle von St. Johann nach St. Kassian zu transferieren. Ferner sollten die Dachräume von St. Kassian hinsichtlich ihrer Eignung für die Sitzungen des Stiftskapitels von St. Johann begutachtet werden.[48] Glücklicherweise ist diese Initiative zur räumlichen Zwangsvereinigung der beiden traditionsreichen Stifte im Sande verlaufen.

Trotz einer umfangreichen Renovierung im Jahre 1823[49] war schon 1836 wieder eine aufwendige Sanierung des Türmchens fällig.[50] Bei dieser Gelegenheit wurde die bis dahin nur verbretterte Giebelwand eines Seitenschiffs massiv aufgemauert.[51] Während diese Maßnahmen primär der statischen Sicherung und dem Brandschutz dienten, klagten damals viele Gläubige *»gleich beym Eintritt über das*

37 Vgl. u.a. Paricius (wie Anm. 36), 485 f. und Schmid (wie Anm. 15), 259.

38 Vgl. bereits Paricius (wie Anm. 5) und ausführlich Schmidt, Michael: Der Schlussstein des hl. Kassian – deponiert und wieder gefunden. Ein ungewöhnlicher Skulpturenfund aus der Stiftspfarrkirche St. Kassian, in: Denkmalpflege in Regensburg 12 (2011), 51–60.

39 Lukas, Joseph: St. Cassian und seine Kirche in Regensburg, Regensburg 1865, 14; Altmann, Lothar: Das Kollegiatstift und seine Pfarrkirche St. Kassian, in: Schiedermair, Werner (Hg.), Die Alte Kapelle in Regensburg, Regensburg 2002, 100–107, hier 105; bestätigt durch Kagermeier (wie Anm. 21), 63 f.

40 Archivalisch belegen lässt sich der Name des Stuckators nicht. Lediglich für die Alte Kapelle nennt das Stiftsprotokoll v. 5.6.1750 einen *»Jacoben Landes Stukhodor von Wessenbrun«* (BZAR, Alte Kapelle, Amtsbuchserien 36, fol. 25v). Die Identifizierung dieses – sonst nicht nachweisbaren – Jacobs mit dem berühmten Anton Landes erstmals 1922 bei Schmid (wie Anm. 15), 249; vgl. dazu Büssem, Gerda: Die Pfarrkirche St. Kassian in Regensburg (unveröff. Mag.-Arbeit Univ. München 1996), 59–61, und bes. Vollmer, Eva Christina: Die Stuckdekorationen in der Alten Kapelle, in: Schiedermair (wie Anm. 39), 173–185, bes. 174 f.

41 Vgl. Trapp, 37–40 mit Abb. 1.

42 Die Jahresangaben nach den datierten Signaturen der Fresken. Vgl. dazu S. 39 in diesem Band.

Abb. 5: Westansicht der Kirche mit den 1891 vorübergehend freigelegten Baudetails der Fassade von 1477

Finstere und Schmutzige« des Innenraumes.[52] Die Worte, mit denen die Kgl. Kreisregierung auf diesen Missstand reagierte, sind aufschlussreich: St. Kassian sei zwar eine der ältesten Kirchen Regensburgs, aber *»ganz im Geschmack der Rokalie (sic) ausgeführt«* lasse sie ihre ursprüngliche Form kaum mehr erahnen. Es wäre daher *»eine neue (!) Barbarei«*, diese Ausschmückung *»alterthümlich behandeln zu wollen«*. Man plädierte deshalb dafür, den Raum nur *»auszuweißen und die Fresken und Vergoldungen möglichst zu reinigen und wenigst[ens] das Nothdürftigste zu ergänzen«*. Nach dem gleichen Grundsatz sollten die Altäre behandelt werden.[53]

Das im 18. Jahrhundert im Geist des Rokoko zum Gesamtkunstwerk gewachsene Miteinander von Architektur, Raumschale und Ausstattung wurde nicht mehr verstanden. Zwar sprach sich die Regierung 1838 noch für ein Fortschreiben des Bestandes aus, doch war dies eine pragmatische Notlösung und kein denkmalpflegerisches Handeln im modernen Sinn. Daher setzte sich, ganz dem Zug der Zeit entsprechend, sehr schnell die Überzeugung durch, dass man der historischen Bedeutung von St. Kassian nur durch die Herstellung eines »mittelalterlichen« Raumbildes gerecht werden könne. So

43 Das Zitat nach einem Zusatz auf einem Briefentwurf des Stiftskastners Hofstätter an Göz vom 30.4.1758 (BZAR, Alte Kapelle 663).
44 So angekündigt in einem Brief Hofstetters an Göz vom 4.4.1758 (BZAR, Alte Kapelle 663).
45 Die Änderungen sind im Vertrag (BZAR, Alte Kapelle 663) aufgelistet. Vgl. auch Altmann (wie Anm. 39), 106 und AK Bayerische Rokokoplastik. Vom Entwurf zur Ausführung (Bayerisches Nationalmuseum 1985), München/Zürich 1985, 108 f. (Peter Volk).
46 Zur Aufhängung der Reliefs Niedermayer, A[ndreas]: Künstler und Kunstwerke der Stadt Regensburg, Landshut 1857, 183.
47 Vertrag vom 30.1.1769 (BZAR, Alte Kapelle 663).
48 Staatsarchiv Amberg (im Folgenden: StA Am), Landbauinspektion des 3. Regenkreises 48.
49 BZAR, Alte Kapelle 663.
50 BZAR, Alte Kapelle 3542.
51 StA Am, Regierung der Oberpfalz, KdI 8244; BZAR, Alte Kapelle 663.
52 Brief des Stiftsdekans an die Kreisregierung vom 20.5.1838 (StA Am, Regierung der Oberpfalz, Kammer des Innern [im Folgenden: KdI] 8244).
53 Brief der Kreisregierung an das Stift vom 5.6.1838 (StA Am, Regierung der Oberpfalz, KdI 8244).

würdigt ein 1857 erschienener Stadtführer zwar ausführlich die wenigen in der Kirche verbliebenen spätgotischen Bildhauerarbeiten, während die Kunstwerke des Rokoko ebenso knapp wie abfällig beurteilt werden: Die Altäre trügen den *»unruhvollen Charakter des vergangenen Jahrhunderts«* und die Fresken hätten *»höchst untergeordnete Bedeutung«*.[54]

Die konkreten Folgen dieser Rückbesinnung auf das Mittelalter waren zunächst um 1856 die – sehr freie – Wiederherstellung[55] des spätgotischen Hochaltars und dann eine von 1863 bis 1865 durchgeführte *»gründliche Restauration«*. Die Leitung der Arbeiten übernahm der damalige Stiftspfarrer Dr. Andreas Senestréy, ein Bruder des Bischofs.[56] An der künstlerischen Konzeption hatte jedoch auch der junge Georg Dengler, der im letzten Drittel des 19. Jahrhunderts als Kunstbeauftragter des Bistums Regensburg noch für die historistische Umgestaltung zahlreicher Kirchen verantwortlich zeichnen sollte, einen nicht unerheblichen Anteil.[57]

Obwohl diese Maßnahme der *»Wiederbelebung der beiden erstickten Bauarten«*, d.h. des romanischen oder gotischen Stils, dienen sollte,[58] betraf sie in allererster Linie die Raumschale und die Ausstattung. Die Ersetzung des originellen Hochaltars durch einen schlichten Ziboriumsaltar und die Abgabe zweier Seitenaltäre an die Karmelitenkirche illustrieren symbolhaft die Geringschätzung des Rokoko. Architektonisch fand die Maßnahme ihren Niederschlag in einer abermaligen Erneuerung des instabilen Giebelreiters, der damals seine heutige schlichte Form erhielt, und in einer Erhöhung der Seitenschiffdächer, so dass der basilikale Charakter in der Außenansicht verlorenging (Abb. 5). Die Kirche wurde damals in einem *»Steinfarbenton«* gestrichen.[59]

Durch den Neubau des südlich an St. Kassian angrenzenden Stiftsgebäudes in den Jahren 1888/89 wurde die seit dem 18. Jahrhundert die Ostansicht prägende einheitliche barocke Stilsprache (vgl. Schmidt, Abb. 6, S. 32) aufgegeben. Die für das Stiftsgebäude gewählten Neorenaissance-Formen scheinen auch bei der Suche nach einem Fassadenkonzept für die Kirche zu einer gewissen Beliebigkeit geführt zu haben. Sie äußerte sich in einem Oszillieren zwischen der Fortschreibung des damaligen barocken Bestandes und der Wiedergewinnung eines gotischen Fassadenbildes. Besonders deutlich wurde dies an der Westfassade, an der 1891 größere Befunduntersuchungen durchgeführt wurden (Abb. 5). In deren Folge kam es an der Nordwestecke der Kirche zur Freilegung des Mauerwerks. So willkürlich diese Entscheidung auch gewesen sein mag, sie ist inzwischen zu einem Traditionselement im Erscheinungsbild von St. Kassian geworden.

Zu Beginn des 20. Jahrhunderts wurde klar, dass die historistische Redaktion des Innenraums mit ihrer düster-bunten Farbigkeit und den verlustreichen Eingriffen in die Ausstattung ein schwerer Fehler gewesen war. Vor dem Hintergrund einer allgemeinen Rehabilitierung von Barock und Rokoko zielte bereits die große, 1907/08 unter der fachlichen Ägide des Kgl. Generalkonservatoriums durchgeführte Restaurierung auf eine Wiedergewinnung der Raumschale des 18. Jahrhunderts ab. Der damalige Entschluss zur Rekonstruktion von Dirrs Hochaltar ist vielsagend. Damit wurden, auch wenn sich Methode und Praxis der Restaurierung seither noch mehrfach ändern sollten, die Weichen gestellt für die streng am Befund orientierte, bestmögliche Tradierung der Rokokofassung.

54 Niedermayer (wie Anm. 46), 182.

55 Beschreibung der Maßnahme in einem Inventar der Kirche von 1856 (BZAR, Alte Kapelle 1283). Vgl. auch Weilhammer, Ulrich: Kassianaltar der Stiftskirche St. Kassian, 1498, in: 30. Jahresbericht der Ernst von Siemens Kunststiftung München 1.10.2012 – 30.9.2013, München 2013, 60f.

56 Lukas (wie Anm. 39), 15; danach auch das Zitat. Zu A. Senestréy s. Schmid (wie Anm. 15), 167.

57 Nach einer Abrechnung der Restaurierungskosten v. 25.8.1866 (StA Am, Regierung der Oberpfalz, KdI 8244) lieferte Dengler 1863/64 *»verschiedene Skizzen, Rein- und Detailzeichnungen«*. Zu Dengler allg. Klinkert, Sabine: Georg Dengler (1839–1896). Maler und Bildhauer, in: Beiträge zur Geschichte des Bistums Regensburg 23/24 (1989/90), 2. Teil, 792–803.

58 Zit. nach Lukas (wie Anm. 39), 15. Vgl. auch Die Dioskuren – deutsche Kunstzeitung, Hauptorgan der deutschen Kunstvereine 10 (1865), 314: *»... schwierige Aufgabe, letztere Verstümmelung (= Rokoko-Fassung, Anm. d. Verf.) möglichst zu beseitigen«*.

59 BZAR, Alte Kapelle 2601, Kirchenrestaurierung 1863–1865. Das Zitat nach Kostenvoranschlag des Maurermeisters Madler vom 21.7.1864 (ebd.).

Michael Schmidt

»Geschichte« als Wirkprinzip

Die Restaurierungen der St. Kassianskirche Regensburg im Spiegel ihrer Zeit

»Ein vierzehnhundertjähriges Alter macht diese Kirche dem Geschichtsfreunde ehrwürdig, wenn auch der Kunstfreund weniger durch reizende Gebilde in ihr überrascht wird.«[1] Andreas Niedermayer fällte dieses Urteil über die St. Kassianskirche in Regensburg gegen Mitte des 19. Jahrhunderts. Es entstand unter dem Eindruck des Historismus und gewissermaßen im Vorfeld der Renovierungsmaßnahme der Stiftspfarrkirche 1863–1865. Es beschreibt einen Dualismus zwischen dem Geschichtszeugnis und dem Kunstwerk. Beides schien Niedermayer nicht mehr zu korrespondieren, ganz im Gegenteil auseinanderzugehen: hier der altehrwürdige Bau, dort die bis weit ins 19. Jahrhundert hinein geringgeschätzte Barockzeit. Der zweite Teil von Niedermayers Einschätzung gilt seit der vor wenigen Wochen im Sommer 2015 abgeschlossenen Instandsetzung von St. Kassian nicht mehr: Der Raum erstrahlt im sprichwörtlich alten Glanz, ist beinahe wieder wie 1760 zu erleben und als Gesamtkunstwerk zu begreifen, und hat dennoch seinen Alterswert bewahrt.

Die erstmals im Jahr 885 urkundlich erwähnte St. Kassianskirche gehört nicht nur zu den ältesten Gotteshäusern Regensburgs, sondern ist wohl auch die älteste (Personal-) Pfarrkirche der Stadt. Strategisch günstig lag diese Eigenkirche der herzoglichen Pfalz (Strobel/Sydow bezeichnen sie als »Königsleute-Kirche«) am Rande des Latrons, des Verwaltungsviertels der agilolfingischen Hauptstadt Regensburg, und in unmittelbarer Nähe zur ehemaligen römischen Lagerhauptstraße (via principalis).[2] Noch in der zweiten Hälfte des 14. Jahrhunderts war dieses Bewusstsein von der einstigen politischen und funktionalen Bedeutung von St. Kassian innerhalb der Struktur der Herzogspfalz präsent, wenn Konrad von Megenberg etwa im Jahr 1373 gegen einen alten Eintrag protestiert, demzufolge alle Leute des Herzogtums Bayerns *»tytulo propie proprietatis«* der Alten Kapelle respektive der Stiftspfarrkirche St. Kassian angehörten.[3] Nachdem sie dem Kollegiatstift Unserer Lieben Frau zur Alten Kapelle von Anfang an verbunden war, wurde die St. Kassianskirche dem Stift 1224/25 durch Bischof Konrad IV., und mit Bestätigung von Papst Honorius III., auch formell inkorporiert. Anlass für diese Inkorporation war wohl eine kirchliche Neustrukturierung. Denn mit dem Bau von St. Ulrich wurde nunmehr eine neue, eigene (Dom-) Pfarrei für die Ministerialen der Pfalz geschaffen, die dem vom Latron an die Herzogspfalz am Alten Kornmarkt verlegten neuen Verwaltungszentrum zugeordnet werden konnte. Das Jahr der Inkorporation liefert damit auch einen indirekten Hinweis auf das Gründungsdatum von St. Ulrich und damit für die Frühdatierung des Baubeginns der Dompfarrkirche.

Seit der Inkorporation 1224/25 waren die Stiftskirche der Alten Kapelle und die Stiftspfarrkirche St. Kassian auch institutionell miteinander verbunden. Im Jahr 1592 übernahm die Alte Kapelle auch formell die Baupflicht an St. Kassian.[4] Nicht wenige bauliche Maßnahmen fanden unter dem Aspekt der Wechselwirkung an der Alten Kapelle und an St. Kassian statt. Nicht immer war St. Kassian nur der nehmende, bisweilen auch der gebende Teil.

1 Niedermayer, Andreas: Künstler und Kunstwerke der Stadt Regensburg, Landshut 1857, 181.

2 Vgl. dazu Strobel, Richard/Sydow, Jürgen: Der »Latron« in Regensburg. Ein Beitrag zum Kontinuitätsproblem, in: Historisches Jahrbuch 83 (1963), 1–27, v. a. 14–25.

3 Strobel/Sydow (wie Anm. 2), 24.

4 Nadler, Stefan/John, Sabine: Kath. Stiftspfarrkirche St. Kassian in Regensburg. Dokumentation zur Bau-, Ausstattungs- und Restaurierungsgeschichte. Erstellt im Auftrag des Kollegiatstifts zur Alten Kapelle in Regensburg, München 2015 (unveröffentlicht; ein Exemplar beim Bayerischen Landesamt für Denkmalpflege), 86 f.

Seit jeher war der mittelalterliche Bau von St. Kassian Anlass für Restaurierungen. Inschrifttafeln an der Innenseite der südlichen Seitenschiffwand erzählen davon (Abb. 1, 2). Sie sagen viel über die vorgefundene Situation aus und über die Zeitumstände, in die die jeweilige Maßnahme eingebettet war. Mal bot die Kirche, wie zur Maßnahme 1604, das Bild eines *»templum ruinosum«*, selbstbewusst tritt hingegen die prägende Umgestaltung von 1749 bis 1760 auf. Sie schuf, wie auf der Inschrifttafel vermerkt, aus dem Alter heraus (*»vetustate«*) die bis heute prägende prächtige (*»splendidius renovavit«*) Raumgestalt.[5] Auch die nunmehr abgeschlossene jüngste Maßnahme reiht sich in den Kanon der Kirchenrenovierungen mit einer eigenen Inschriftplatte ein (Abb. 9): *»ZUR EHRE GOTTES WURDE DIE STIFTSPFARRKIRCHE ST. KASSIAN 2007–2015 VON GRUND AUF RENOVIERT DURCH DAS KOLLEGIATSTIFT UNSERER LIEBEN FRAU ZUR ALTEN KAPELLE.«*

1. Historizität als Konstitutivum

Über die Stiftskirche hat St. Kassian Anteil an der Geschichtlichkeit der Alten Kapelle und – was selten beachtet wird – auch umgekehrt. Es sind wechselseitige historische Kausalitäten. Die Stiftskirche Unserer Lieben Frau zur Alten Kapelle gilt als eine der ältesten Kirchen Bayerns. Für das christliche Regensburg beansprucht sie den Primat der Erstgründung. Nach der Überlieferung ging die Maria-Vermählkapelle an der Stiftskirche aus einem römischen Junotempel hervor.[6] Die Kapelle wurde der Ort der Taufe, die der Wanderbischof Rupert dem Bayernherzog Theodo spendete, und dann erste Hofkapelle des agilolfingischen Herzogshauses an ihrem Residenzstandort Regensburg. Wie der sogenannte Mönch aus St. Gallen (vermutlich Notker der Stammler) überlieferte, ließ König Ludwig der Deutsche die 875 erstmals sicher bezeugte Pfalzkapelle nicht nur materiell, sondern auch zeichenhaft deutbar, aus den Steinen des römischen Regensburg errichten: »Er errichtete zu Frankfurt und Regensburg neue Gotteshäuser in Form bewundernswerter Bauten. Und da dort wegen der Größe des Gebäudes die sonstigen Steine nicht ausreichten, ließ er die Stadtmauern niederreißen.«[7] Die Alte Kapelle wurde so zum Sinnbild von Siedlungs-, Herrschafts- und Kultkontinuität. Mit Bischof Rupert, Herzog Theodo, Karl dem Großen, der als zweiter Gründer der Alten Kapelle und Hunnenbezwinger gefeiert wurde, und Kaiser Heinrich II., dem Gründer des Kollegiatstifts, hatte die Alte Kapelle Anteil an allen prägenden Epochen und Protagonisten der bayerischen Frühzeit und der frühbayerischen Kirchengeschichte.

Mit großer Strahlkraft wurde diese Wirkungsgeschichte durch die Jahrhunderte getragen und um die Mitte des 18. Jahrhunderts durch den Brixener Historiographen Josef Resch auch für die St. Kassianskirche fruchtbar gemacht, die bis ins 20. Jahrhundert Bestand hatte. Alles was für die Alte Kapelle postuliert wurde, ging auf St. Kassian über; die Entwicklung von Alter Kapelle und St. Kassian erfolgte gleichsam im Parallelschritt. Dies schloss eben auch den römischen Ursprung mit ein. So sei auch die Stiftspfarrkirche aus einem Heidentempel hervorgegangen, wird in der Inschrift im Scheitel des Chorbogens postuliert: *»TEMPLUM S. CASSIAN [sic!] OLIM IDOLORUM«*. Die Vita des hl. Kassian schien der Geschichte der Regensburger Stiftspfarrkirche zu entsprechen. So wie der hl. Kassian bei seiner Missionstätigkeit gegen den *»heidnischen Götzendienst«* ankämpfte und diesen überwand, so ging auch die Kirche St. Kassian aus einem Heidentempel hervor.[8] Die überlieferte Geschichte der St. Kassians-Kirche und das Wirken ihres Patrons entsprachen inhaltlich einander.

5 Nadler (wie Anm. 4), 103.

6 So u.a. Gumpelzhaimer, Christian Gottlieb: Regensburg's Geschichte, Sagen und Merkwürdigkeiten von den ältesten bis auf die neusten Zeiten in einem Abriß aus den besten Chroniken, Geschichtsbüchern und Urkunden-Sammlungen, Bd. 1: Vom Ursprung Regensburgs bis 1486, Regensburg 1830, 55.

7 Zitiert nach Dietz, Karlheinz/Osterhaus, Udo/Rieckhoff-Pauli, Sabine/Spindler, Konrad: Regensburg zur Römerzeit, Regensburg ²1979, 173 f.

Abb. 1: Inschrifttafel zur Restaurierung 1604 (oben), Inschrifttafel zur Umgestaltung 1749–1760 (unten)

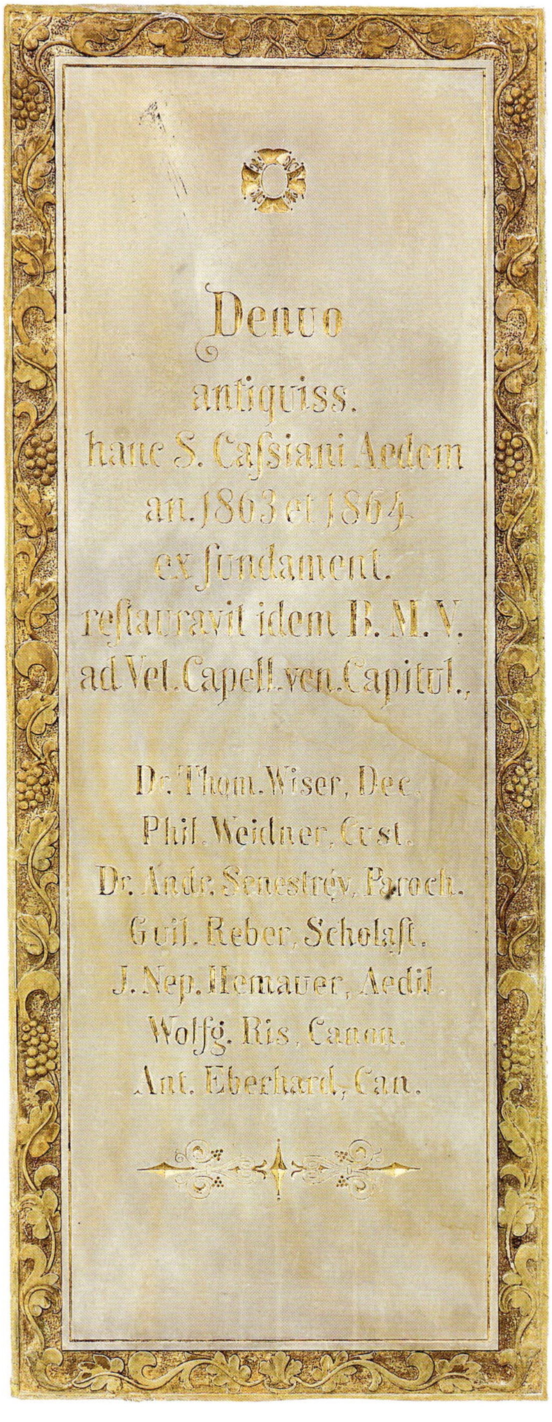

Abb. 2: Inschrifttafel zur Restaurierung 1863–1865

8 Zitat von Lukas, Joseph, St. Cassian und seine Kirche in Regensburg. Zur feierlichen Consekration dieser Kirche am 10. Juli 1865, Regensburg 1865, 3. Zu dem Kampf des hl. Kassian in Säben gegen die *»Abgötterei«* siehe Paricius, Johann Carl, Allerneueste und bewährte Nachricht von allen in denen Ring-Mauern der Stadt Regensburg gelegenen Reichs-Stifftern, Haupt-Kirchen und Clöstern catholischer Religion, Regensburg 1753, 487f.

Die Stiftspfarrkirche St. Kassian erschien gleichermaßen als Paradigma der Überwindung eines antiken Heiligtums wie der Anverwandlung historischer und kultischer Kontinuität am Übergang von der Antike zum Mittelalter. Christian Gottlieb Gumpelzhaimer schreibt dann 1830 zusammenfassend: *»Namentlich aber war die Kirche zu St. Cassian, welche gleichfalls aus einem Götzentempel in eine christliche Kirche verwandelt worden seyn soll, schon vorhanden. Sie hat dem Herzog Theodo ihre volle Herstellung zu danken und wurde später mit dem Stift der alten Capelle vereiniget, dessen Pfarrkirche sie geworden.«*[9] Zweifel an dieser Auslegung der »Geschichte« wurden allenfalls versteckt geäußert. Der Wunsch nach dem Anteil an der bayerischen Frühgeschichte lebte insbesondere im 19. und frühen 20. Jahrhundert nochmals auf: *»Seit wohl viel mehr als 1000 Jahren steht nun die St. Cassianskirche in den Mauern Regensburgs, und von 1000 Jahren trägt sie auch die Spuren an sich.«*[10] Und auch die Kunstwissenschaft glaubte noch Ende des 20. Jahrhunderts im östlichen Pfeilerpaar Reste des karolingischen Baus erkennen zu können.[11]

Ausgangspunkt der historischen Instrumentierung der Stiftspfarrkirche war die Überlieferung von der Brandverschonung. Bereits Andreas Raselius berichtete um 1600: *»Man findet nämlich, daß sie allein übrig und unversehrt blieb, als alle anderen Kirchen mit dem Dom im Jahr 891 vom vernichtenden Feuer angesteckt und bis auf den Grund zerstört wurden, und zwar am 10. August, an welchem auch Jerusalem zweimal angesteckt und in Asche gelegt wurde.«*[12] Im östlichen Deckenbild des südlichen Seitenschiffes wurde dieser Gründungsmythos der Kirche illustriert (Abb. 3): Der hl. Kassian im Bischofsornat hält seine Hand schützend über den Kirchenbau. Die wiedergegebene Traufinschrift mit Datierung *»DCCCXCI«* und der Beischrift: *»UNICA ILLAESA«* wirkt wie ein Gütesiegel: Die Unversehrtheit der St. Kassianskirche beim Brand betrachtete man als Gottesbeweis für die vorbestimmte Heilswirksamkeit des Baus. Dass mehrere Brände über den Bau hinweggingen, ihm innen- wie außenseitig großen Schaden zufügten und wohl auch teilweise zerstörten, wie der archäologische Befund zeigt, war unerheblich. Was einzig zählte, war die schriftliche historische Überlieferung. Sie half eine Kontinuität zum karolingischen Bau herzustellen.

Für St. Kassian beanspruchte man aufgrund dieser Überlieferungssituation eine Vorrangstellung unter den Kirchen von Regensburg. Die St. Kassianskirche war, nachdem sie den Stadtbrand von 891 überstanden hatte, in ihrer erhaltenen baulichen Überlieferung älter als die Alte Kapelle und schien geeignet, eine Verbindung in die bayerische Frühgeschichte – und die Antike – herzustellen. Sie ergänzte gleichsam die historische Bedeutung der Kollegiatstiftskirche der Alten Kapelle um das Element der baulichen Überlieferung, denn bereits *»vor der Alten Kapelle sei[n] sie Pfarrkirche gewesen, was sie noch ist«*.[13]

Spätestens mit den unter Weihbischof Albert Ernst Graf von Wartenberg in der zweiten Hälfte des 17. Jahrhunderts initiierten ersten »archäologischen« Untersuchungen, die in den Dienst der historischen und christlichen Wissenschaft gestellt wurden, erschien Geschichtlichkeit mehr zu sein als ein bloßer Standortvorteil, nämlich ein politisch scharfes Schwert. Die zeitgenössische Auseinandersetzung zwischen den Damenstiften von Ober- und Niedermünster um den politischen Vorrang gründete in der Diskussion um die Anciennität.[14]

Abb. 3: Der hl. Kassian beschützt die Kirche beim Stadtbrand 891.
Östliches Deckenbild im südlichen Seitenschiff von Gottfried Bernhard Götz

9 Gumpelzhaimer (wie Anm. 6), 62.

10 Lukas (wie Anm. 8), 11.

11 Borgmeyer, Anke/Hubel, Achim/Tillmann, Andreas/Wellnhofer, Angelika (Bearb.): Stadt Regensburg. Ensembles – Baudenkmäler – Archäologische Denkmäler (Denkmäler in Bayern, III.37), Regensburg 1997, 505.

12 Raselius, Andreas: Regensburg. Ein Stadtrundgang im Jahre 1599, hg. von Wolf, Peter, Regensburg 1999, 30.

13 Raselius (wie Anm. 12), 30.

14 Lübbers, Bernhard: *»Iniquum et absurdum est, ut novi praeferantur antiquis.«* Die Rangstreitigkeiten zwischen den hochadeligen Damenstiften Nieder- und Obermünster in Regensburg und ihr Höhepunkt im ausgehenden 17. Jahrhundert, in: Beiträge zur Geschichte des Bistums Regensburg 42 (2008), 287–315.

DCCCXCI UNICA ILLÆSA

Der postulierte historische Primat innerhalb der Regensburger Pfarrkirchen (noch vor der Dompfarrei) kulminierte in der Aussage über dem Nordportal: »*PRIMA ECCLESIA S. CASSIANI & CIVIŪ PAROCHIA.*« Die St. Kassianskirche wollte nicht nur eine Personalpfarrkirche sein, sondern erste – und damit führende – *Bürger*pfarrkirche der Stadt.[15]

2. Die Neuinstallierung der Wallfahrt zur Schönen Maria in St. Kassian als Anverwandlung von Geschichte

Die barocke Umgestaltung der St. Kassianskirche von 1749–1760 steht in Zusammenhang mit der versuchten Neubegründung der Wallfahrt zur Schönen Maria – anstelle der seit 1542 protestantischen Neupfarrkirche – und den damaligen Reformbestrebungen des Kollegiatstifts. 200 Jahre nach der Einführung der Reformation und dem Verlust des wichtigsten Marienwallfahrtsortes von Regensburg fand der Kult um die Schöne Maria in der St. Kassianskirche, einem im Heilsplan Gottes vorbestimmten Bau, eine neue Heimat. Der enorme Erfolg der Neuaufstellung der Schönen Maria im Jahr 1747 in St. Kassian ließ den Entschluss reifen, die Kirche im Stil des Barock umzugestalten: »*Und die St. Cassians Kirche mit Beihülf andächtiger Gutthäter zu bauen und zu reparieren angefangen vnd auch inwendig mit Stuccador Arbeit und Fresco Malereine ausgezieret worden.*«[16]

Mit der Umgestaltung wurde die Kirche St. Kassian zur pastoralen Bühne des Kollegiatstifts. Die Ausgestaltung im Stil des Rokoko zeigt auch charakteristische volkstümliche Ausprägungen einer Wallfahrtskirche, ist also auch im Sinne einer idiomatischen Anverwandlung des höfischen Rokoko zu verstehen. Dies schließt auch einzelne narrative und spielerische Sequenzen mit ein (Abb. 4). Sie unterscheidet sich in ihrer Bestimmung, und damit auch freieren inneren Ausformung, von der mehr hieratischen Formen- und Bildersprache der Stiftskirche.

Die Sekundärwallfahrt, die bis um 1800 teilweise neuerlich einen enormen Zulauf zu verzeichnen hatte, wurde nicht nur von Seiten der Protestanten, sondern auch von Seiten des Bischöflichen Ordinariats mit gewissem Unbehagen verfolgt.[17] Dass diese Wallfahrt eine gegenreformatorische Stoßrichtung hatte, zeigen die Eingaben des protestantischen Magistrats gegen das Anbringen von bestimmten Votivtafeln sowie die Aufforderung des Generalvikars, Götz solle keine »*Controvers-Predigen mehr halten, minder wider Unser Glaubens Gegner schmächen*«.[18] Offenbar war die Wiedereinführung der Wallfahrt auch nicht mit der Amtskirche abgestimmt, sondern entstammte einer Privatinitiative von Pfarrer Götz. Sie sollte eine verspätete gegenreformatorische Antwort – in unmittelbarer räumlicher Nähe – auf den christkatholischen Verlust der Neupfarrkirche und das Ende der Ursprungswallfahrt zur Schönen Maria sein.

Diese neue alte Wallfahrt ist aber auch eine Antwort auf Deutungshoheiten im Wettstreit marianischer Verehrungsorte im Regensburg der Barockzeit. Kanonikus und Pfarrer Götz setzte konsequent auf die Vorrangberechtigung durch das hohe Alter des Baus und die ikonographische Tradition des Ortes, und gab damit auch eine Antwort auf die in der zweiten Hälfte des 17. Jahrhunderts entstandenen und vor allem von Weihbischof Albert Ernst Graf von Wartenberg beförderten neuen marianischen

15 Lukas (wie Anm. 8), 16: »*Die freien Bürger der Stadt waren eingepfarrt nach St. Cassian, dies war die Bürgerpfarre.*«; vgl. auch Sydow, Jürgen: Fragen um die St. Kassians-Kirche in Regensburg. Ein Beitrag zur Geschichte des Bistums Säben, in: Der Schlern 29 (1955), 452–457, wieder abgedruckt in: Sydow, Jürgen: Cum omni mensura et ratione. Ausgewählte Aufsätze. Festgabe zu seinem 70. Geburtstag, hg. von Maurer, Helmut, Sigmaringen 1991, 269–274, hier 271. Sydow geht davon aus, dass diese Inschrift über dem Nordportal 1755 nur erneuert wurde. Zum Phänomen der Personalpfarreien siehe u. a. Schmid, Alois: Regensburg. Reichsstadt – Fürstbischof – Reichsstifte – Herzogshof (Historischer Atlas von Bayern, Teil Altbayern, 60), München 1995, 168; Mayerhofer, Josef: Zur Geschichte der Pfarrei St. Kassian in Regensburg, in: Beiträge zur Geschichte des Bistums Regensburg 34 (2000), 171–185, v. a. 174–176.

16 Nadler (wie Anm. 4), 103. So im Wortlaut auch bei Paricius (wie Anm. 6), 485.

Abb. 4: Stuckplastik eines Drachen als Rahmenfigur eines Wandbildes des Mittelschiffs von Anton Landes

Orte. Der Weihbischof wusste mit der sogenannten Schwarzen Madonna in der Niedermünster-Kirche – der spätromanischen Figur des 13. Jahrhunderts wurde, um ihre Wirkungskraft zu erhöhen, eine orientalische Provenienz zugeschrieben – ein Marienbild im historischen Kontext zu verorten und als Andachtsbild zu propagieren. Vor allem aber galt sein Engagement der Maria-Läng-Wallfahrt (1675–1678), die auf einer historischen Kelleranlage errichtet worden war, deren Reste als antik-römische bzw. frühchristliche Katakombe gedeutet wurden.[19] Sie galt fortan als Inbegriff historischer Kontinuität. Das barocke Gnadenbild der Maria-Läng-Kapelle verarbeitet zudem wesentliche Elemente der Leinberger-Figur der Schönen Maria aus St. Kassian.[20]

Auch hierauf versuchte Pfarrer Götz eine innerkirchliche Antwort, indem er zum einen in dem Deckenbildzyklus der Seitenschiffe die historische Folie der einstigen Erfolgswallfahrt zur Schönen Maria im Kontext des Judenpogroms ausbreitete, zum anderen das Motiv der Säulenmadonna mit dem Säulenmartyrium des hl. Kassian und dem Passionsmotiv Christus an der Geißelsäule verband.[21] Sowohl das Martyrium des Kirchenpatrons als auch die Wallfahrt zur Säulenmadonna erschienen als Imitatio Christi.

17 Gerl, Josef: Die Marienverehrung durch das Stiftskapitel der Alten Kapelle. Anfänge und Rezeption, in: Mai, Paul (Hg.): Kollegiatstift Unserer Lieben Frau zur Alten Kapelle in Regensburg 1002–2002 (Katalog zur Ausstellung in der Bischöflichen Zentralbibliothek Regensburg 15. Juli bis 11. Oktober 2002; Kataloge und Schriften des Bischöflichen Zentralarchivs und der Bischöflichen Zentralbibliothek Regensburg, 18), Regensburg 2002, 101–108, hier 106 f.

18 Gerl (wie Anm. 17), 106.

19 Dazu siehe Ramisch, Hans: Kapelle Maria Läng Regensburg (Schnell, Kunstführer, 966), Regensburg [4]1995.

20 Vgl. dazu meine Ausführungen in dem Beitrag »Leinbergers ›Schöne Maria‹ in St. Kassian. Anmerkungen zu einem ungelösten Problem« in dieser Festschrift.

21 Zum Säulenmartyrium des hl. Kassian siehe Paricius (wie Anm. 8), 488.

In jenen Jahren wurden die mittelalterlichen Räume sowohl von der Alten Kapelle (1747–1775) als auch von St. Kassian nach dem Vorbild der Umgestaltung des Freisinger Doms durch die Gebrüder Asam anverwandelt. In Wand- und Deckengemälden wurde die Geschichte des hl. Kassian (nördliches Seitenschiff) sowie der Wallfahrtskirche (südliches Seitenschiff) seit ihren angeblich heidnischen Anfängen betont und damit Geschichtlichkeit eingefordert. Die historische Bausubstanz wurde in der zweiten Hälfte des 18. Jahrhunderts mit dem neuen Kleid der einheitlichen Raumdekoration des Rokoko ummantelt und der mittelalterliche Kastenraum dabei neu interpretiert. Die Kirche behielt im Langhaus und den Seitenschiffen, ähnlich der Regensburger Minoritenkirche St. Salvator, ihre traditionelle Felderdecke bei, die im Jahr 1561 repariert wurde;[22] auf den Einbau eines Gewölbes verzichtete man. Man begnügte sich mit dem Vorhandenen.

Die gebaute Historie spielte allenfalls hintergründig eine Rolle: Durch die Anhebung des Bodenniveaus wurden die Proportionen ungünstig verändert und durch das Einbetten der gotischen Pfeilerbasen architektonische Strukturen verunklärt. Die Verkleinerung der Fenster und Zusetzungen führten zu einer weiteren Verschattung und Verdunkelung des Kastenraums. Dass die Kirche damit einen archaischen Charakter erhielt, nahm man wohl bewusst in Kauf.

Von Meinrad von Engelberg wurde die damalige Maßnahme an St. Kassian als Beispiel einer »Renovatio Ecclesiae« zuletzt näher untersucht, allerdings fällt sein Urteil vernichtend aus: »Niemand wird St. Kassian als eine besonders schöne oder gelungene ›Barockisierung‹ betrachten. *Renovatio* zeigt sich hier als kompromißbereite Lösung praktischer Probleme, die routiniert und ohne ästhetische Skrupel oder Prätentionen von versierten Fachleuten durchgeführt wird. Sie ist nicht Ausdruck einer neuen Hochachtung für das Mittelalter, sondern eines pragmatischen Umgangs mit einem Erbe, in dem man sich, manchmal mehr schlecht als recht, einzurichten versteht.«[23] Aber trifft diese Einschätzung tatsächlich zu? St. Kassian als »unarchitektonisches« Produkt einer unkoordinierten Maßnahme, eines Konzepts, das nicht von einem (namhaften) Architekten erstellt wurde, sondern »gänzlich auf eine Zusammenarbeit der dekorativen Künstler zurückgeführt werden kann«?[24] Engelberg konstatiert in St. Kassian einen gänzlich anderen konzeptionellen Ansatz als bei der zeitgleichen Maßnahme an der Alten Kapelle. Während er bei der Stiftskirche die Rhythmisierung und innere Struktur des Raums in den Mitteln des Barock gewahrt sieht, erkennt er an der Pfarrkirche St. Kassian das Stilmittel der freien Rocailleform: »Eine prinzipiell asymmetrische Dekorationsform paßt auch zu ungleichförmigen Räumen (...). Ebenso wie der Stuck lösen sich auch die Fresken von jeder architektonischen Logik, und schwimmen als Einsatzbilder ohne Einbindung in den flachen, glatten Deckenfeldern.« Der hier festgestellte Einsatz von unterschiedlichen Stilmitteln – dort Barock, hier Rokoko – war damit auch eine Antwort auf die beiden gänzlich unterschiedlichen vorgefundenen mittelalterlichen Raumqualitäten: in der Alten Kapelle ein klar gegliedertes basilikales Lang- und Querhaus und ein gotischer Langchor, in St. Kassian ein mittelalterlicher Konglomeratbau, der durch die Dachmaßnahme 1679 aus einer Basilika in eine Pseudobasilika (also mit unbefenstertem Obergaden) überführt worden war. In der Stadtansicht von Hans Georg Bahre ist das Erscheinungsbild der gotischen St. Kassianskirche als Basilika mit Obergadenfenstern und dem Dachreiter in der Mitte des Langhausdaches vor dem frühbarocken Umbau dargestellt (Abb. 5). Erst durch die Veränderungen im Zuge der Erhöhung der Obergadenwände und der Neuausbildung des Dachs 1679 wurde die basilikale Erscheinung zugunsten der einer Pseudobasilka hinsichtlich Typus und innerer Erscheinung, aber in der Außenwirkung einer Staffelhalle (unter einem durchlaufend erscheinenden Satteldach) aufgegeben.[25] Wie der Kupferstich bei Johann Carl Paricius 1753 belegt (Abb. 6), hatte es seinerzeit

22 Nadler (wie Anm. 4), 83/85.

23 Engelberg, Meinrad von: Renovatio Ecclesiae. Die ›Barockisierung‹ mittelalterlicher Kirchen (Studien zur internationalen Architektur- und Kunstgeschichte, 23), Petersberg 2005, 599–601, hier 601.

24 Engelberg (wie Anm. 23), 601.

25 Dendrochronologische Baudaten nach Kagermeier, Monika: Die Stiftspfarrkirche St. Kassian in Regensburg. Baugeschichte – Restaurierungen – Vorbereitende Untersuchungen für ein Sanierungskonzept. Masterarbeit im

Abb. 5: Stadtansicht von Hans Georg Bahre mit Darstellung von St. Kassian vor 1626

auch einen Entwurf zugunsten einer Wiederherstellung des vormaligen basilikalen Typus mit einer klassischen Obergadenbefensterung und klar differenzierten Dächern von Seitenschiff- und Hauptdach gegeben. Ferner zeigt der Prospekt, dass der Pfarrhof von St. Kassian bzw. der Kanonikalhof der Alten Kapelle mit der Kirche zu einer Einheit verschmelzen sollten, in der architektonischen Wirkung einem repräsentativen Stiftsgebäude entsprechend. Schließlich reduzierte man – wohl aus finanziellen Gründen – das Projekt. Von einer Umsetzung der Pläne zum Neubau des Pfarr- und Kanonikalhofs sah man ebenso ab (die Realisierung erfolgte erst im Jahr 1888 in den Formen der Neurenaissance) wie von einer Wiederherstellung des vormaligen mittelalterlichen Bautypus. Stattdessen stülpte man den Fassaden mit einer Lisenengliederung und einheitlich stichbogigen Fenstern ein neues, zeitgemäßes Kleid über.

Repräsentanten der Vergangenheit waren die bereits erwähnte Inschrift des Nordportals mit der im Portalauszug integrierten spätgotischen Figur des hl. Kassian (1477) und der steinsichtig belassene Hauptchor. Denn dieser Bauteil war der einzige der Kirche, der sein überliefertes Erscheinungsbild behalten durfte. Anders als von Meinrad von Engelberg vermutet, wurde die Steinsichtigkeit des Chores nicht erst 1864 wiederhergestellt, sondern blieb die Barockzeit hindurch unverändert bestehen. Lediglich der Abschluss der Rechteckrahmen der Chorfenster wurde im Sinne des Gesamtbildes der Kassianskirche den barocken Fenstern angeglichen und rundbogig abgeflacht.[26] Diese Veränderung, vielmehr gestalterische Anpassung, ist im Baubefund ablesbar. Die bewusst beibehaltene mittelalterliche Anmutung des Chores verfehlte die Wirkung auf die Zeitgenossen nicht. Josef Resch, wiedergegeben bei Dominikus Mettenleitner, sah im Chorbau den ältesten Teil der Kirche: *»der jetzige Chor der*

Studiengang »Denkmalpflege – Heritage Conservation« der Otto-Friedrich-Universität Bamberg, Bamberg 2006 (unveröffentlicht; ein Exemplar beim Bayerischen Landesamt für Denkmalpflege).

26 Vgl. auch Lukas (wie Anm. 8), 14.

Abb. 6: Idealansicht von St. Kassian mit Pfarr- und Kanonikalhof von Johann Carl Paricius, 1753

Kirche sei in seinen Grundrissen auch derselbe, welches der Bojer-Herzog [Herzog Theodo – Anm. des Verf.] *aufgeführt«*.[27]

Auch der Innenraum von St. Kassian sollte modern sein und den zeitgemäßen Formen einer Wallfahrtskirche entsprechen. Wie der Festumhang bei einem Gnadenbild wurde der Innenraum der St. Kassianskirche mit einer neuen Raumschale und Bildersprache »eingekleidet« und ummantelt.[28] Das hohe Alter sah man im aufgehenden Mauerwerk der St. Kassianskirche hinreichend manifestiert. Anschaulichkeit in baulicher Hinsicht war nicht erforderlich. Nur da, wo die angetroffene Ausstattung stifterlich geschützt war (z. B. Epitaph für Elisabeth Graner), blieb sie erhalten, ansonsten musste sie den zeitgenössischen Formen des Kunst- und Ausstattungsgeschmacks und den liturgischen Bedürfnisse weichen. Der spätgotische Kassiansschrein (Trapp, Abb. 4, S. 19) wurde, nachdem er wie auch der Chorraum vor der Umgestaltung dokumentiert wurde, demontiert. Die Schreinfigur gelangte auf den Dachboden, die Flügel des Retabels wurden an die Wände des Presbyteriums genagelt.[29] Das musste genügen: Mehr an Mittelalter war nicht zum Erhalt vorgesehen.

27 Anonymus [Mettenleitner, Dominikus]: Mittheilungen über die Stifts-Pfarrkirche St. Cassian in Regensburg, Regensburg 1864, 19.

28 Niedermayer (wie Anm. 1), 182, sprach von *»Überkleidung«*.

29 Lukas (wie Anm. 8), 14.

3. Die Instandsetzungen des 19. und 20. Jahrhunderts

Allzu leicht ist man – gerade auch als Denkmalpfleger – bei der Hand, über spätere Maßnahmen den Stab zu brechen. Dies gilt etwa für die *»Wiederverjüngung«* (Josef Lukas) von 1863–1865, die im kunsthistorischen Urteil gerne als unglücklich beschrieben wird. Zu wenig berücksichtigt scheinen mir dabei aber die Zeitumstände. Denn auch diese Maßnahme verstand sich als eine historische Maßnahme und nahm für sich eine Korrektur von Fehlentwicklungen im Bereich der Architektur, der Bautechnik und der Ausstattung in Anspruch. Geradezu vorbildhaft für die Zeit waren die durchgeführten bauhistorischen Beobachtungen im Zusammenhang mit der Abnahme des Fassadenputzes, die bereits vieles von dem erkennen ließen, was wir als Ergebnis der aktuellen Bauforschung und Archäologie ansehen. Leider wurde diesen Ergebnissen bislang keinerlei Beachtung geschenkt.[30] Dass die Materialwahl der Restaurierung der Wand- und Deckengemälde in Ölfarbe und die Verwendung eines Teeranstrichs sowie eines Gemisches *»von Cement- und Braunstein«*, also Romanzement, zur Abdichtung der Außenwände wenig nachhaltig war, steht auf einem anderen Blatt.[31] Ein historischer Einschnitt war der Bruch mit der barocken Wallfahrtstradition: Wie ein Jahrhundert zuvor das Mittelalter beseitigt worden war, wurde nunmehr die Barockzeit eliminiert. Der barocke Hoch- und Gnadenaltar von 1759 wurde zerstört, an dessen Stelle trat ein Ziboriumsaltar aus Metall nach Art des Regensburger Domvikars Georg Dengler, gefertigt von der Firma Schindler aus Reinhausen, die Leinberger-Figur, das einstige Gnadenbild, wurde auf Anweisung des Bischöflichen Ordinariats in den rechten Nebenchor verschoben und dort neu arrangiert. Die Devotionalien der Wallfahrt wurden mit Ausnahme der Votivtafel für Thurn und Taxis zerstört.

Dennoch sollen die versöhnenden Töne der Renovierungsmaßnahme nicht übersehen werden: *»Eine Wiederherstellung einer der beiden erstickten Bauarten, des romanischen oder gothischen Styles, war unmöglich, das hätte einen Neubau erfordert, demnach fiel der neuesten Restauration die schwere Aufgabe zu, die Formen des Rococco mit dem geläuterten Geschmacke und den Anforderungen der Neuzeit möglichst in Harmonie zu bringen.«*[32] Vor allem sollten die Reste der mittelalterlichen Ausstattung, mit der im Zuge der Barockisierung wenig pfleglich umgegangen worden war, wieder zu ihrem Recht kommen. Allerdings verzichtete man darauf, die Kirche komplett in eine fiktive mittelalterliche Gestalt zurückzuführen, wie dies zeitgleich an so vielen anderen Kirchen geschehen ist, sondern präsentierte den neu aus den Resten zusammengefügten Kassiansaltar in der neugotisch umgestalteten ehemaligen Hl. Grab-Kapelle nahe des westlichen Eingangs der Kirche. Dort erhielt der Altar eine stilkonforme Raumzelle mit einer neugotischen Kassettendecke. Stuck und Wandmalereien blieben von grundlegenden Eingriffen verschont, das barocke Ausstattungskunstwerk insgesamt erhalten. Umgekehrt sollte der Bedeutungskanon der Kirche gestärkt werden. Nachdem in St. Kassian bisher Darstellungen des hl. Bonifatius und Kaiser Karls des Großen, der *»so viel gethan hat für die Kirche Bayerns, Regensburg und besonders für die alte Capelle«*, fehlten, wurde diesen nun in den Chorfenstern mit dunkel gehaltenen Glasgemälden (Werkstatt Schneider, Regensburg) gedacht.

So sehr diese Maßnahme von 1863–1865 zunächst gefeiert wurde, so wenig nachhaltig war sie. In der Gesamtgeschichte von St. Kassian war sie nur ein Intermezzo, von dem sich kaum mehr als die Kreuzwegstationen (1865) erhalten haben. Offenbar schätzte man die Maßnahme bald so gering, dass man im Zuge der Renovierungsarbeiten von 1906–1909 nicht einmal mehr eine fotografische Dokumentation für nötig hielt. Die Maßnahme ist nahezu sang- und klanglos verschwunden.

Im Bewusstsein der Stadt mehr Spuren hinterlassen hat hingegen die Außenrenovierung des Jahres 1891.[33] Die bei dieser Maßnahme neuerlich aufgedeckten Baubefunde wurden nunmehr an bestimmten

30 Lukas (wie Anm. 8), 12 f.
31 Ebd., 16.
32 Ebd., 15.
33 Engelberg (wie Anm. 23), 601, datiert diese Maßnahme in das Jahr 1864.

Teilflächen als eine Art Fenster in die Vergangenheit in das Fassadenkonzept integriert (Trapp, Abb. 5, S. 21). Mit dieser steinsichtigen Präsentation von Bauspuren an der Fassade initiierte St. Kassian eine in Regensburg fortan über Jahrzehnte praktizierte Methode zur Vergegenwärtigung von Vergangenheit. Allerdings führte die einheitliche steinmetzmäßige Oberflächenbearbeitung dieser Befundfenster mittels prägnanter Scharrierung zu einem völligen Verlust der bauhistorischen Aussage an den Werksteinen. Im besonderen Maße ist dies beim frühgotischen Chorbau zu bedauern.

Die nachfolgende Restaurierung der Stiftspfarrkirche St. Kassian in den Jahren 1906/1909 hatte innerhalb Bayerns Modellcharakter und ist hierin von hoher restaurierungswissenschaftlicher und historischer Bedeutung.[34] Diese »Restauration« hatte die Rückführung auf den Zustand von 1760 – *»in allen Teilen die Wiederherstellung des Bestandes im 18. Jhdt.«* – zum Ziel.[35] Damit verbunden war eine grundlegende Um- und historisierende Neugestaltung des Kirchenraums. Insbesondere der 1863/64 geschaffene neuromanische Hochaltar geriet hierbei – zunächst seitens des Königlichen Generalkonservatoriums (seit 1917 Bayerisches Landesamt für Denkmalpflege) – in den Blick: *»Es wäre nämlich höchst wünschenswert, dass die Kirche wieder einen zur übrigen Einrichtung besser passenden Hochaltar bekäme (...).«*[36] Das Stiftskapitel griff diese Anregung gerne auf und schlug einen neuen Altar auf der Grundlage des im Kollegiatstift Unserer Lieben Frau zur Alten Kapelle erhaltenen Altarmodells von Johann Baptist Dirr von 1759 vor (Abb. 7).[37] Das Kgl. Generalkonservatorium stimmte zu: *»Die Neuherstellung eines Hauptaltars für S. Kassian nach dem im Besitzes des Herrn Stiftsdechants Dr. J. Schmid befindlichen reizvollen Originalmodell aus d. Mitte des 18. Jhdts. ist freudig zu begrüssen. Es wird dadurch das Haupteinrichtungsstück der Kirche wieder in Übereinstimmung gebracht mit der reichen u. schönen, künstlerisch u. kunsthistorisch wertvollen übrigen Ausstattung. Wir würden empfehlen die Formen und Verhältnisse des Modells wo möglich ganz unverändert beizubehalten, da dieses mit Rücksicht auf den vorhandenen Chor komponirt ist u. bei jeder Änderung die Raumkomposition empfindlich Schaden leiden würde.«*[38] Die Altarrekonstruktion wurde wie viele andere bildhauerische Arbeiten von der Firma Jakob Helmer, Regensburg, ausgeführt (Abb. 8). Eine Reintegration des Gnadenbildes in den Hochaltar unterblieb indes. Eine neue Orgel der Firma Binder in einem neubarocken Orgelgehäuse, ein artifizielles Meisterwerk und daher erst jüngst überhaupt als eine Nachbildung des 20. Jahrhunderts erkannt, komplettierte den Bestand (1908–1911).

Die Maßnahme in St. Kassian nimmt die 1917 von Generalkonservator Georg Hager formulierten Richtlinien für die Restaurierung barocker Kirchenausstattungen vorweg: *»Erhaltung der Barockkirchen in ihrem alten Charakter, soweit sie nicht verrestauriert sind! Wiederherstellung der Barockkirchen in ihrem alten künstlerischen Geiste, soweit sie verrestauriert sind!«*[39] Als *»Verrestaurierungen«* wurden dabei die Renovierungen des 19. Jahrhunderts betrachtet: *»Was die Phantasielosigkeit vertrockneter Seelen im 19. Jahrhundert an den Barock und Rokokoaltären gesündigt, welch schwere unersetzliche Verluste sie dem kirchlichen Denkmälerschatze und dem kirchlichen Ansehen selbst zugefügt hat, ist allgemein bekannt.«*[40] Die seinerzeitige Wiederherstellung von St. Kassian blieb auch für die nachfolgenden Instandsetzungsmaßnahmen der Jahre 1951–1955 sowie 2007–2015 dem Grundsatz nach bestimmend.

34 Zur Einordnung der Hochaltar-Rekonstruktion in einen größeren Kontext siehe Schmidt, Michael: Zur Ehre der Asam-Altäre – Rekonstruktion und sakraler Modus. Ein Blick (nicht nur) auf Erwin Schleich, in: Bayerisches Landesamt für Denkmalpflege (Hg.): Barock nach dem Barock – Denkmalpflege, Technologie, Schöpfungen des Neubarock, München 2015, 155–186, v.a. 159–161 (Aufsatz im Druck).

35 BLfD, OA Regensburg, St. Kassian, Schreiben Generalkonservatorium an Regensburger Kunstmaler Johann Boeckl vom 3. Januar 1908 (gez. Alois Müller Konservator).

36 BLfD, OA Regensburg, St. Kassian, Schreiben Generalkonservatorium an das Kapitel des Kollegiatstifts U. L. Frau z. Alten Kapelle vom 20. April 1907 (gez. Alois Müller Konservator).

37 Zum Modell siehe Volk, Peter: Modell für den Hochaltar von St. Kassian in Regensburg, in: Volk, Peter (Red.): Bayerische Rokokoplastik. Vom Entwurf zur Ausführung (Ausstellung Bayerisches Nationalmuseum München, 7.5.–21.7.1985), München 1985, 108 f.

38 BLfD, OA Regensburg, St. Kassian, Schreiben Generalkonservatorium an Kapitel des Kollegiatstifts U. L. Frau z. Alten Kapelle vom 6. September 1907 (gez. Alois Müller

Abb. 7: Altarmodell von Johann Baptist Dirr, 1759

Abb. 8: Entwurf für die Rekonstruktion des Hochaltars von Jakob Helmer, 1907

Die ab 1951 zunächst projektierte Fassadensanierung: *»Wünschenswert wäre die Wiedergutmachung von Restaurierungssünden aus der Vergangenheit. Insbesondere sollte die Beseitigung des unpassenden Verputzes (Spritzbewurf) angestrebt werden«,*[41] weitete sich sukzessive zu einer Gesamtinstandsetzung aus. Die Vorgaben des Bayerischen Landesamtes für Denkmalpflege waren unmissverständlich: *»Ein Übermalen der Bilder, ein Auffrischen der angegriffenen Farben darf unter keinen Umständen vorgenommen werden, damit nicht der Eindruck eines neuen Werkes entsteht.*

Konservator). Konsequenterweise ging die Rekonstruktion des Hochaltares mit der Annäherung an eine barocke Lichtwirkung einher, das heißt *»Entfernung der gemalten Fenster u. deren Ersatz durch sog. Mondscheiben in Sechseckverbleiung«*, denn: *»Hingegen die Entfernung der gemalten Chorfenster nicht zu umgehen. Mit der Entfernung dieser Fenster steht und fällt die ganze Restaurierung, da die gesamte Ausstattung der Decken u. Wände mit Stuckaturen u. Gemälden auf möglichst viel weisses Licht berechnet ist u. bei den darmaligen Lichtverhältnissen gar nicht zur Geltung kommt. Überdies würde der neue Hochaltar mit farbigem Hintergrund einen ganz stilwidrigen u. unerfreulichen Eindruck machen.«*

39 Hager, Georg: Restaurierung barocker Kirchenausstattungen (Sonderdruck des Stenographischen Berichts des Dreizehnten Tages für Denkmalpflege in Augsburg vom 20. und 21. September 1917), Karlsruhe 1917, 4.

40 Hager (wie Anm. 39), 19.

41 Nadler (wie Anm. 4), 266: Schreiben BLfD an Stadtpfarramt St. Kassian vom 6. Juni 1953 zur Ortsbesichtigung am 21. Mai 1953.

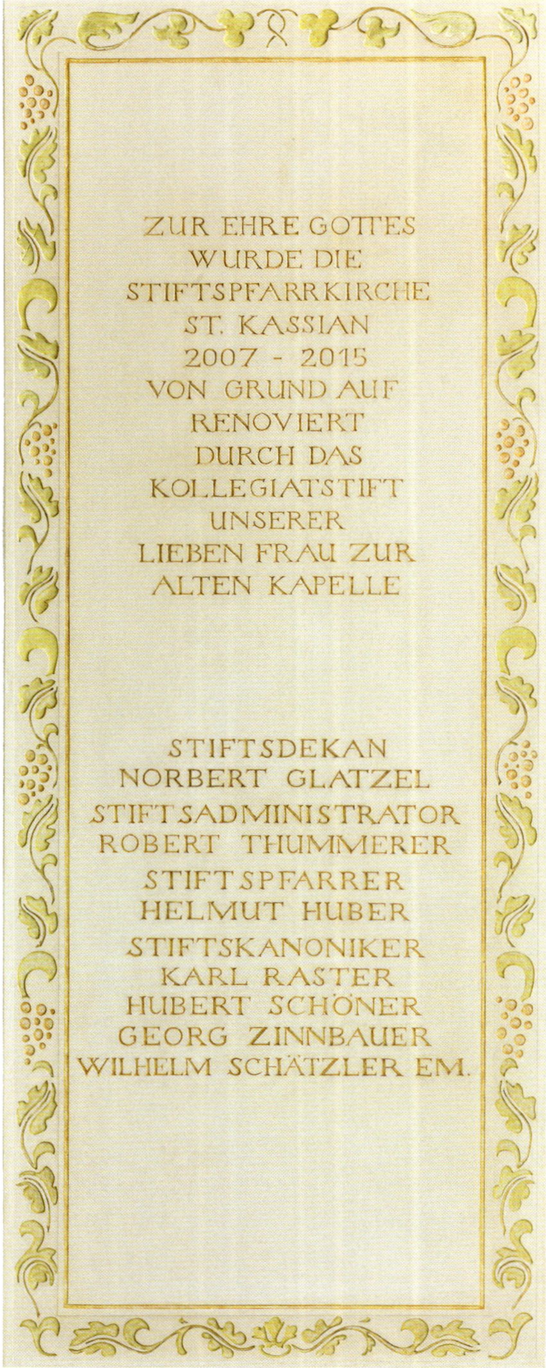

Unsere Restaurierungsgrundsätze sind genauestens einzuhalten.«[42] Man orientierte sich (mehr oder weniger) trotz der insbesondere im 19. Jahrhundert erfolgten mechanischen Abarbeitungen der Oberflächen am historischen Befund: *»Es ist anzunehmen, dass an der Wand und am Stuck Reste des Rokokoanstrichs sich befinden. Diese bilden Anhaltspunkte für die neue Tönung.«*[43] Für die Arbeiten an Raumschale und Stuck zeichnete der akademische Kirchenmaler Ludwig Vogel aus Regensburg verantwortlich, für die Restaurierung der Fresken der Regensburger Kunstmaler Guntram Lautenbacher.

Die Instandsetzung 2007 bis 2015 sah sich dem Baudenkmal der St. Kassianskirche und der Veränderungsgeschichte verpflichtet. Die Kirche ist nicht bloß alt, dieses Alter strahlt eine besondere Wirksamkeit und Ehrerbietung aus: *»Vetustate«*, aufgrund des Alters, wie es in der Inschrifttafel 1760 heißt. Mit Ehrfurcht versuchte man dem Bauwerk gerecht zu werden. Die Bewahrung des Alterswertes, der Patina, war dabei von grundlegender Bedeutung. Mit den Mitteln der Konservierung wurde die Stimmigkeit des Raums und seiner Ausstattung wiederhergestellt. Der als dunkel und düster beschriebene Kastenraum hat seine Würde zurückerhalten. Damit stellt sich auch die Umgestaltung der Barockzeit in ganz anderem Licht dar: Die 1749–1760 vorgenommene »Einkleidung« des Kirchenbaus mit den Mitteln des Rokoko schuf tatsächlich ein Gesamtkunstwerk. Die St. Kassianskirche ist nunmehr wieder ein würdiger Sakralbau, ein Baudenkmal der Geschichte *und* der Kunst (Abb. 9).

Abb. 9: Inschrifttafel zur Instandsetzung 2007–2015

42 Nadler (wie Anm. 4), 267: Schreiben BLfD an Stadtpfarramt St. Kassian vom 6. Juni 1953 zur Ortsbesichtigung am 21. Mai 1953.

43 Nadler (wie Anm. 4), 271: Schreiben BLfD an Kollegiatstift der Alten Kapelle vom 15. März 1954 zur Ortsbesichtigung am 2. Februar 1954.

Eugen Trapp

Bilder für eine Pfarr- und Wallfahrtskirche

Anmerkungen zum Freskenprogramm

Am 13. August 1747 feierte man in St. Kassian nicht nur, wie jedes Jahr an diesem Tag, das Namensfest des Kirchenpatrons. Der frisch ernannte Pfarrvikar Johann Anton Göz nutzte den solennen Rahmen, um auf dem Hochaltar eine zuvor im Minoritenkloster aufbewahrte Figur der Gottesmutter aufzustellen. Bei dieser von Hans Leinberger geschaffenen Skulptur, die sich heute am rechten Seitenaltar befindet, handelt es sich gleichsam um eine ganzfigurige »Lukasmadonna«, also um denselben ikonographischen Typus, dem die Ikone der Alten Kapelle entspricht und der – in der Version von Albrecht Altdorfer – nach der Vertreibung der Juden 1519 zur »Schönen Maria von Regensburg« geworden ist. Deren Verehrung in St. Kassian wieder zu beleben, war Göz' ehrgeiziges Ziel.[1]

Gleichzeitig mit der Stiftskirche, deren repräsentative Neugestaltung ebenfalls 1747 begann, wollten die Kanoniker der Alten Kapelle also auch ihre Pfarrkirche zu einem Hort besonderer Frömmigkeit machen. Die Botschaft richtete sich vordergründig an die evangelische Reichsstadt, denn für diese war das Ende der Wallfahrt zur Schönen Maria gleichbedeutend mit der Überwindung des alten Glaubens.[2] Mit der Wiederbegründung der Wallfahrt wollte sich das Stiftskapitel vermutlich aber auch gegenüber den anderen, politisch einflussreicheren katholischen Stiften Regensburgs profilieren und als Garant der Marienverehrung auftreten.[3]

Zur Ausführung der Stuckaturen engagierte das Stiftskapitel den Wessobrunner Meister Anton Landes, der ab 1750 auch in der Alten Kapelle arbeitete.[4] Den Auftrag für das Fresko am Plafond des Mittelschiffs scheinen die Kanoniker dem Prüfeninger Maler Otto Gebhard (1703–1773) erteilt zu haben. Dafür sprechen stilistische Gründe, aber auch motivische Parallelen zu Gebhards großem Langhausfresko in Frauenzell (1752).[5] Rahmende, die Illusion von räumlicher Tiefe erzeugende Architektur fehlt ebenso wie ein umlaufender Bodenstreifen. Das Bild ist stattdessen streng einansichtig kompo-

Nächste Doppelseite:
Abb. 1: Deckengemälde, Mittelschiff

1 Vgl. Paricius, Johann Carl: Allerneueste und bewährte Nachricht von der des Heil. Röm. Reichs Freyen Stadt Regensburg, Regensburg 1753, 485; Schmid, Joseph: Die Geschichte des Kollegiatstiftes U. L. Frau zur Alten Kapelle in Regensburg, Regensburg 1922, 258 f. Zur Ikonographie der Marienstatue grundlegend Hubel, Achim, Die »Schöne Maria« von Regensburg. Wallfahrten – Gnadenbilder – Ikonographie, in: Mai, Paul (Hg.): 850 Jahre Kollegiatsift St. Johann in Regensburg 1127–1977, München/Zürich 1977, 199–239, bes. 221–223.

2 Vgl. die entsprechende Darstellung auf einem anlässlich der 100-Jahr-Feier der Einführung der Reformation 1646 herausgegebenen Kupferstich; dazu Lorey-Nimsch, Petra: 100-Jahr-Feier der Einführung der Reformation in Regensburg 1642, in: Möseneder, Karl (Hg.): Feste in Regensburg. Von der Reformation bis in die Gegenwart, Regensburg 1986, 188–190.

3 Zu diesem Aspekt der »Konkurrenz« vgl. bereits Betz, Karl-Heinz: Das ikonologische Programm der Alten Kapelle in Regensburg, in: Schiedermair, Werner (Hg.): Die Alte Kapelle in Regensburg, Regensburg 2002, 135–149, hier: 148 f.

4 Dazu grundlegend Vollmer, Eva Christina: Die Stuckdekorationen in der Alten Kapelle, in: Schiedermair (wie Anm. 3), 173–185, bes. 74 f.

5 So schon Dehio, Georg: Handbuch der Deutschen Kunstdenkmäler. Bayern V: Regensburg und die Oberpfalz, bearb. von Jolanda Drexler u. Achim Hubel, München/Berlin 1991, 522. Vgl. auch Isphording, Eduard: Gottfried Bernhard Göz 1708–1774. Ein Augsburger Historienmaler des Rokoko und seine Fresken, Weißenhorn 1998, 60, und bes. Grimminger, Christina: Otto Gebhard (1703–1773). Leben und Werk des Prüfeninger Barockmalers, Regensburg 2000, 76.

ANCILLAE
TUAE

SEDIT AD DEXTERAM EJUS

niert – ebenso wie das wenige Jahre zuvor von der Gebhard-Werkstatt ausgeführte Langhausfresko in der ehemaligen Klosterkirche Reichenbach.[6]

Qualitativ bleibt das große Fresko klar hinter den beiden Deckenbildern zurück, die der Augsburger Christoph Thomas Scheffler gleichzeitig im Mittelschiff der Alten Kapelle geschaffen hat. Dies dürfte das Stiftskapitel veranlasst haben, die weitere Freskierung der Pfarrkirche Gottfried Bernhard Göz (1708–1774) zu übertragen. Den Kontakt zu diesem aus Mähren stammenden, damals aber längst schon in Augsburg ansässigen Meister dürfte Scheffler oder Landes hergestellt haben. Wie es scheint, hat sich Göz auch konzeptionell entscheidend in das Bildprogramm eingebracht, denn das Stift lobte ausdrücklich sowohl seine *»gedanckhen«* als auch seine Kunstfertigkeit.[7]

Mittelschiff, Decke (um 1752)

Die Decke des Mittelschiffs wird von einem einzigen großen Fresko beherrscht. In seinem Zentrum steht Petrus als Menschenfischer (nach Lk 5,10). Thematisch irritiert das Bild, bezieht es sich doch auf den ersten Blick weder auf die Marienwallfahrt noch auf den Kirchenpatron. Dieser erscheint allerdings an überaus prominenter Stelle, zur Rechten Petri und unter Christus. Er ist aktiv in das Heilsgeschehen eingebunden, denn er trägt die Namen der Geretteten in das Buch des Lebens ein. Überdies berührt er ein Seil, das als Symbol der Erlösung vom Fischernetz zum Kreuz Christi führt. Zur Linken Petri sind weitere biblische Menschenfischer zu sehen, denen sich – zum rechten Bildrand hin – drei zeitgenössische Kanoniker angeschlossen haben.

Diese Gruppe der Nachfolger Jesu teilt das Bild in eine irdische und eine himmlische Zone. Auf der Erde erkennt man die Personifikationen der vier damals bekannten Kontinente Europa, Asien, Afrika und Amerika. Sie reagieren mit Ergriffenheit auf die Seelenrettung, derer sie soeben gewahr werden, während auf die in der rechten unteren Ecke kauernden Laster ein Blitz niederfährt. Oberhalb der Menschenfischer bildet Christus als Mensch gewordener Sohn Gottes den Übergang in den vom Heiligen Geist erleuchteten Himmel.

Mittelschiff, Wände (1754 und 1756)

An den Wänden des Mittelschiffs werden die Flächen oberhalb der Arkaden von großen Bildfeldern dominiert. Die insgesamt sechs Fresken zeigen Szenen aus dem Alten Testament, die sich typologisch auf Maria beziehen. Als inhaltliche Ergänzung und Erklärung ist in das rahmende Stucksystem unterhalb und oberhalb eines jeden Freskos eine Textkartusche eingefügt: die untere mit einem Zitat aus dem Alten Testament und der Belegstelle, die obere mit einer korrespondierenden Anrufung der Gottesmutter.

Der Zyklus beginnt auf der Nordseite des östlichen Jochs mit Abraham und Sara, die sich auf dem Weg nach Ägypten befinden. Dicht hinter ihnen ist Abrahams Neffe Lot zu erkennen, in größerer Entfernung eine Gruppe von Knechten und Mägden. Im linken Bilddrittel öffnet sich der Blick auf die durch Palmen und Pyramiden charakterisierte Landschaft Ägyptens. Die Worte, die der Stammvater Israels an seine schöne, modisch gewandete Frau richtet, sind in der unteren Kartusche wiedergegeben: *UT BENE SIT MIHI PROPTER TE* (Damit es mir deinetwegen gut geht). Sie beziehen sich auf Abrahams Bitte an Sara, sie möge sich als seine Schwester ausgeben, damit er vom Pharao nichts zu befürchten habe. Durch ihre Gnade erwirkende Schönheit wird Sara so zu einer Vorläuferin von Maria,

6 Dazu Grimminger (wie Anm. 5), 64 u. Abb. 41.

7 Vgl. Brief des Stiftskastners Martin Joseph von Hofstetter an Göz, 4.4.1758 (BZAR, Alte Kapelle 663).

8 Vgl. Anonym [Mettenleitner, Dominikus], Mittheilungen über die Stifts-Pfarrkirche St. Cassian, Regensburg 1864, 39f.; Isphording, Eduard: Gottfried Bernhard Göz 1708–

Abb. 2: Rebecca am Brunnen, Mittelschiff

die ihrerseits Gnade für die Menschen bei ihrem Sohn erwirken kann. Dies erklärt die Erscheinung der Gottesmutter über der alttestamentarischen Szene. Zuoberst liefert die in der Textkartusche zitierte Anrufung *MATER PULCHRAE DILECTIONIS* (Mutter der schönen Liebe) sowohl einen Bezug zum Buch Jesus Sirach, wo diese Worte der Weisheit in den Mund gelegt sind, als auch zur barocken Marienfrömmigkeit.[8]

Auf dem gegenüberliegenden Bild erkennt man in nächtlicher Szenerie Judith, die einer Magd das abgeschlagene Haupt des Holofernes reicht. Dahinter ist in einem erleuchteten Zelt der kopflose Leichnam des assyrischen Feldherrn zu sehen. Am Himmel erscheint in einem Sternenmedaillon Maria mit dem Jesusknaben. Dieser ersticht mit einer Lanze die Schlange, das Symbol der Erbsünde, und vertreibt einen Drachen sowie einen Hasen, Symbole des Bösen bzw. der Unkeuschheit. Ebenso wie Judith dem unteren Titulus zufolge als heilige und gottesfürchtige Frau *(MULIER SANCTA ES ET TIMENS DEUM* [Jdt 8,31]*)* verehrt wurde, weil sie durch die Ermordung des Holofernes die Einwohner von Betulia vor Krieg und Unterwerfung gerettet hat, besiegt Maria gemäß dem oberen Zitat *(ET TIMORIS [Eccl 24,24])* mit ihrer Gottesfurcht das Böse.

Auf der Nordseite des mittleren Jochs folgt eine Darstellung König Salomons, der seiner Mutter Batseba die Hand reicht. Diese Geste unterstreicht die in der unteren Kartusche zitierte Stelle aus

1774. Ein Augsburger Historienmaler des Rokoko und seine Fresken, Weißenhorn 1998, 61. – Zur Anrufung »Mutter der schönen Liebe« vgl. Calamato, Alessandro: Selva novissima di concetti fondati nell'auttorità [sic] della Sacra Scrittura, Padova 1707, 247–253; Dürig, Walter: Lauretanische Litanei, in: Marienlexikon, Bd. 4, St. Ottilien 1992, 33–42, hier: 36f.

dem 1. Buch der Könige 2,19 *(SEDIT AD DEXTERAM EJUS)*, wonach Salomon einen Thron für seine Mutter bringen ließ, damit sie zu seiner Rechten sitze. Hinterfangen wird die Szene von einer schweren Draperie, die nach oben hin einen Ausblick in den Himmel zulässt. Dort erkennt man die Krönung Mariens durch die Heilige Dreifaltigkeit. Die mit der Quellenangabe *ECCL[esiasticus] 24. Cap.* versehene Kartuscheninschrift *ET AGNITIONIS* verweist auf das 24. Kapitel von Buch Sirach, in dem sich die Weisheit selbst als Mutter der Erkenntnis bezeichnet. Marias Erhebung zur Himmelskönigin ist demnach präfiguriert in der Ehrung, die König Salomon seiner Mutter hatte zukommen lassen.[9]

Das Mittelbild der Südseite zeigt den Perserkönig Ahasver, der sich vom Thron erhebt, um die in Ohnmacht fallende Jüdin Esther zu begnadigen und damit ihr Volk zu retten. Die entsprechende Bibelstelle (Est 7,3) ist in der unteren Kartusche verkürzt zitiert: *DONA MIHI POPULUM QUO OBSECRO* (Gib mir mein Volk, worum ich dich bitte!). Im Zentrum der dramatischen Szene steht das Zepter Ahasvers, das dieser zum Zeichen der Gnade in Richtung Esther neigt. Über dieser erscheint Maria mit dem Kind. Beide halten den Anker als Symbol der Hoffnung. Die erläuternde Kartuscheninschrift *ET SANCTAE SPEI* bezeichnet Maria als Mutter der heiligen Hoffnung. Denn ebenso wie Esther Gnade für das Volk Israel erbeten hat, dürfen die Christen auf Marias Fürsprache bei Gott hoffen.[10]

Im westlichen Joch ist auf der Nordseite Abigail dargestellt, wie sie vor König David kniet, ihm Geschenke darbietet und ihn um Gnade anfleht. In der Kartusche darunter ist als biblischer Textbeleg der Schluss von Vers 31 aus dem 1. Buch Samuel, Kapitel 25 zitiert: *RECORDABERIS ANCILLAE TUAE* ([Wenn der Herr aber meinem Herrn Gutes tut,] dann denk an deine Magd!). Am Himmel erscheint Maria, die vor Christus kniet, um – so die Inschrift der oberen Kartusche – als *ADVOCATA NOSTRA*, als unsere Anwältin, Gnade für uns zu erbitten. Die Analogie liegt auf der Hand: Wie Abigail David um Gnade für sich und die ihren angefleht hat, tut dies Maria bei Gott für uns sündige Menschen.[11]

Das gegenüberliegende Bild zeigt Rebecca am Brunnen, wie sie Abrahams Knecht Elieser einen Krug reicht und ihm versichert, auch seinen Kamelen Wasser zu geben – *DONEC CUNCTI BIBANT* (bis alle getrunken haben). Dieses in der unteren Kartusche wiedergegebene Zitat aus dem Buch Genesis 24,19 resümiert gleichsam die Barmherzigkeit Rebeccas und eröffnet die Perspektive auf die Gnade der Gottesmutter. So erscheint am Himmel Maria als Gnadenquell, verbildlicht durch eine Muschelschale, aus der Wasser auf die Erde fließt. Die entsprechende Anrufung MATER MISERICORDIAE (Mutter der Barmherzigkeit) ist in der oberen Kartusche zu lesen.[12]

Verständlich ist dieser mariologische Zyklus im Mittelschiff einer dem hl. Kassian geweihten Pfarrkirche nur vor dem konkreten historischen Hintergrund: der Wiederbelebung der Wallfahrt zur Schönen Maria. Die sechs Bilder über den Arkaden sollten den Weg zu der (bis 1864) am Hochaltar aufgestellten, als Gnadenbild verehrten Leinberger-Madonna säumen. Jede dieser »Stationen« ist einer alttestamentarischen Frauengestalt gewidmet, die typologisch als Vorläuferin der Gottesmutter gelten kann. Es handelt sich aber auch um Frauen, die allesamt wegen ihrer körperlichen Schönheit gerühmt

Abb. 3: Christus, Chorbogenwand Mittelschiff

9 In der Vorzeichnung (Frankfurt, Städelsches Kunstinstitut; Isphording, Eduard: Gottfried Bernhard Göz. Ölgemälde und Zeichnungen. Tafelband, Weißenhorn 1984, Abb. 101) kommt die Analogie formal noch besser zum Ausdruck, da Maria zur Rechten Christi erscheint und die beiden anderen göttlichen Figuren nur zart angedeutet sind. Zu der Zeichnung Isphording, Eduard: Gottfried Bernhard Göz. Ölgemälde und Zeichnungen. Textband, Weißenhorn 1982, 220 f.; zum Fresko ders. 1998 (wie Anm. 8), 61 f.

10 Zu dieser Typologie im 18. Jh. vgl. Graf, Johann Andreas: Marianischer Ehren-Schall. Predigten auf die Feste Mariens, Graz 1704, 61; de' Liguori, Alfonso: Le glorie di Maria, Parte prima, Bassano 1774, 4.

11 Vgl. Mettenleitner (wie Anm. 8), 41 f.; Isphording 1998 (wie Anm. 8), 62.

12 Vgl. Mettenleitner (wie Anm. 8), 42; Isphording 1998 (wie Anm. 8), 62 f.

wurden, was beweist, dass bei der im Geiste des 18. Jahrhunderts neu propagierten Verehrung der Schönen Maria die äußerliche Schönheit als klares Zeichen innerer Schönheit verstanden wurde.[13]

Die Wahl der Themen, das Zusammenspiel von Text und Bild sowie die konsequente Vereinigung zweier Zeit- und Realitätsebenen in ein und demselben Fresko heben Göz' Bilderfolge über den zeitgenössischen Standard empor. Christoph Thomas Scheffler etwa hatte 1753 über den Mittelschiffarkaden der Alten Kapelle Szenen aus dem Leben des heiligen Stifterpaares Heinrich und Kunigunde dargestellt, und Cosmas Damian Asam hatte zwanzig Jahre zuvor in St. Emmeram an gleicher Stelle Episoden aus der Vita und der Legende des Kirchenpatrons gemalt. In beiden Fällen hatte man also, durchaus der Norm entsprechend, die Wände des Mittelschiffs für die Darstellung konkreter historischer Begebenheiten genutzt, um die Bedeutung der jeweiligen Kirche zu illustrieren. Dies erklärte sich daraus, dass die Wand gemeinhin als ein dem Historienbild angemessener Ort galt, während die Decke seit der Renaissance für illusionistische Ausblicke in den Himmel prädestiniert war. Insofern verdient die für die Mittelschiffwände von St. Kassian gewählte Kombination von biblischer Historie und Marienvision auch in topologischer Hinsicht Beachtung.

Bei den Darstellungen der Gottesmutter griff Göz auf seine um 1748 entstandenen und von den Brüdern Klauber gestochenen Illustrationen der Lauretanischen Litanei zurück.[14]

Vervollständigt wird die Ausmalung der Mittelschiffwände durch Medaillons mit monochromen Brustbildern der Apostel.[15] Künstlerisch sind sie durch das enge Zusammenspiel von Malerei und Stuck geprägt, da die identifizierenden Attribute plastisch ausgebildet und materiell Teil der Rocaille-Rahmen sind. Inhaltlich ist der Apostelzyklus auf die in die Zwickel des Triumphbogens eingefügten Medaillons mit Darstellungen von Christus und Maria ausgerichtet. Die Positionierung der Apostelmedaillons an den Stuckpilastern wurzelt in der mittelalterlichen Architektursymbolik, wonach die Säulen den Kirchenbau stützen wie die Apostel die Kirche. Durch die augenfällige Betonung dieses Traditionsmotivs nahm das Freskenprogramm einerseits Rücksicht auf die seit dem 15. Jahrhundert in St. Kassian nachweisbare besondere Apostelverehrung.[16] Andererseits wurde so die Aussage des Deckenfreskos noch vertieft. Während Petrus dort als oberster Menschenfischer gleichsam die anderen Jünger vertritt, um speziell den hl. Kassian in die Erfüllung seines göttlichen Auftrags einzubinden, begegnet er uns an der Wand im kanonischen Reigen der anderen Apostel. Zu erkennen ist er vor allem am klassischen Attribut der Schlüssel. Sicher nicht zufällig ist er aber auch als Papst gekennzeichnet und wiederum mit dem Fischernetz ausgestattet.

Nördliches Seitenschiff (1758)

Die Malereien an der Decke des nördlichen Seitenschiffs sind dem Titelheiligen gewidmet. Dies erklärt sich aus der stadträumlichen Situation, denn die Kirche verfügt über einen nördlichen Zugang, der um 1750 unter Verwendung einer spätgotischen Kassiansfigur dem Zeitstil entsprechend umgestaltet und gleichsam zum Hauptportal erhoben wurde.[17] Der Eintretende sollte an der Decke sogleich drei

Abb. 4: St. Kassian im Kreis seiner Schüler, nördliches Seitenschiff

13 Zu den beiden Aspekten der Schönheit in Maria zusammenfassend Ziegenaus, Anton: Schönheit Marias, in: Marienlexikon, Bd. 6, St. Ottilien 1994, 51 f.; speziell zur Schönen Maria von Regensburg vgl. Hubel (wie Anm. 1), 202.

14 Isphording 1998 (wie Anm. 8), 63.

15 Ausführliche Beschreibung bei Mettenleitner (wie Anm. 8), 42-45.

16 Bis 1864 gab es in der Kirche einen Zwölfbotenaltar; vgl. Mettenleitner (wie Anm. 8), 33f; Schmid (wie Anm. 1), 256; Trapp, Eugen: St. Kassian in Regensburg. Anmerkungen zur mittelalterlichen Bau- und Ausstattungsgeschichte, in: Beiträge zur Geschichte des Bistums Regensburg 34 (2000), 147–170, hier 165.

17 Altmann, Lothar: Das Kollegiatstift und seine Pfarrkirche St. Kassian, in: Schiedermair (wie Anm. 3), 100–107, hier: 105; zur Figur vgl. auch Trapp (wie Anm. 16), 156.

Schlüsselszenen erblicken, aus denen die Bedeutung des Kirchenpatrons ersichtlich wird: im Zentrum das Martyrium, östlich davon die Lehrtätigkeit Kassians, westlich seine Verehrung als wundertätiger Heiliger.

Das vom Eingang aus zu lesende Martyriumsbild ist durch sein Querformat hervorgehoben. Im Zentrum steht der inmitten eines städtischen Platzes an einen Säulenstumpf gefesselte und nur mit einem Lendenschurz bekleidete Heilige, der – so die bereits im *Liber Peristephanon* des Prudentius (um 400) grundgelegte Überlieferung[18] – von heidnischen Schülern mit Griffeln zu Tode gequält wird. Einige Erwachsene, die in der Mode des 18. Jahrhunderts gekleidet sind, unterstützen die Kinder bei ihrem grausamen Werk. Auffallend ist die ikonographische Nähe zum Thema des gegeißelten Heilands. In der Tat wurde die Kassianslegende schon im Spätmittelalter immer wieder in Analogie zur Passion Christi gesetzt. Ausgehend von einer in Imola verwahrten Säulenreliquie entwickelte sich eine spezielle Bildtradition, die sich in Regensburg am 1498 gestifteten spätgotischen Hochaltar von St. Kassian (heute im südlichen Seitenschiff) manifestiert hat. Eine weitere mögliche Inspirationsquelle für Göz ist der 1753 erschienene Regensburg-Führer von Paricius. Darin heißt es, der römische Gouverneur von Imola habe Kassian *»nackend ausziehen und an eine Säule binden«* lassen.[19]

Die beiden anderen, formal untergeordneten Deckenbilder sind in ihrer Leserichtung auf einen Standpunkt unterhalb des Mittelfreskos ausgerichtet. Wie bei diesem handelt es sich um einansichtig erschlossene Bildräume. Im östlichen Joch können wir dank eines nach rechts zurückgerafften Vorhangs an einer Unterrichtsstunde teilnehmen. Mit heiter-anekdotischem Grundton schildert Göz das unterschiedliche Verhalten der Schüler. Keineswegs alle folgen aufmerksam den Ausführungen Kassians, der durch seine Gewandung als Bischof gekennzeichnet ist. An der Wand hängt eine Tafel mit den Buchstaben des Alphabets. Göz bezieht sich damit auf jene kleinen ABC-Täfelchen, die ein häufiger Bestandteil der Kassiansikonographie sind. Obwohl sie die Schüler kennzeichnen, glaubte Paricius dieses Motiv auf dem Schlussstein des gotischen Chorgewölbes sogar als Attribut des Heiligen zu erkennen.[20]

Auch im westlichen Fresko eröffnet ein zur Seite genommener Vorhang den Blick auf das Geschehen: Mütter mit Kindern sind in eine Kirche ans Grab des Heiligen gekommen. Dieser ist als Liegefigur, die den von Säulen gerahmten prächtigen Sarkophag bekrönt, indirekt im Bild präsent.

Südliches Seitenschiff (1758)

Das Deckenschema entspricht dem des nördlichen Seitenschiffs. Ein querformatiges Mittelfresko wird von kleineren, annähernd runden Fresken im östlichen und im westlichen Joch gerahmt. Somit ist auch hier das Mittelbild allein schon formal hervorgehoben. Inhaltlich handelt es sich denn auch um eine ausgesprochene Schlüsselszene: die Übertragung des Gnadenbildes der Schönen Maria nach St. Kassian als Akt der göttlichen Vorsehung. Auf den vom Nordportal her die Kirche Durchschreitenden ausgerichtet, zeigt das Fresko auf einem bühnenartigen Steinsockel die Gottesmutter als Gute Hirtin.[21] Sie greift nach dem Gnadenbild, welches unter der Ägide des am Himmel erscheinenden hl. Kassian über dessen Regensburger Kirche schwebt. Die Personifikation des Glaubens wohnt als kompositionelles Gegenstück zur Guten Hirtin dem Geschehen bei. Rechts von dieser zentralen Szene gibt Chronos einen Blick in die Vergangenheit frei, indem er den Schleier des Vergessens lüftet. Man erkennt die

18 Aurelius Prudentius Clemens, Liber Peristephanon, Carmen IX: Passio Sancti Cassiani forocorneliensi (http://www.thelatinlibrary.com/prudentius/prud9.shtml [19.04.2015]).

19 Paricius (wie Anm. 1), 488; wörtlich übernommen aus Falckenstein, Johann Heinrich von: Antiquitates et memorabilia Nordgaviae veteris oder Nordgauische Alterthümer und Merckwürdigkeiten…, Erster Theil, Schwabach 1734, 201 f.; ebd. Kupferstich, der den hl. Kassian an einen Pfosten gefesselt zeigt (Tab. VI, nach 194). Speziell zum Säulenmotiv vgl. auch Raphael Sadelers Kupferstich der Kassiansmarter, publ. in: Rader, Matthäus: Bavaria sancta et pia, München 1604 (dazu: Bless-Grabherr, Magdalena: Cassian von Imola. Die Legende eines Lehrers

einstige Wallfahrtskirche zur Schönen Maria, aber das Gnadenbild ist in einer Höhle versteckt. Über deren Eingang sind die Worte *ABSCONDITA MDXLII* (verborgen 1542) zu lesen. Die Botschaft ist klar: Durch die damals vom Rat der Stadt eingeführte Reformation und die Bestimmung der Wallfahrtskirche zur evangelischen Pfarrkirche wurde die Schöne Maria ihrer Heimat beraubt. Sie musste von der reichsstädtischen Bildfläche verschwinden. Vor der Höhle sitzt eine Allegorie der Trauer. Am linken Bildrand hingegen meißelt Chronos die Worte *[N]OVITER EXPOSITA MDCCXLVII* (1747 neuerlich ausgestellt) in einen Stein. Darüber erscheint am Himmel die göttliche Vorsehung. Sie ist es, die mit Hilfe des hl. Kassian und durch das tatkräftige Einschreiten der Gottesmutter dem Gnadenbild eine neue Heimat gibt.[22]

Die beiden anderen Fresken illustrieren die Bedeutung der Schönen Maria für Regensburg und die Besonderheit der Kassianskirche. Im Zentrum des westlichen Bildes steht Ratisbona, die Personifikation Regensburgs. Hinter ihr, genau in der Mittelachse, ragt als Triumphmotiv eine Säule auf. Sie ist mit der lateinischen Jahreszahl 1519 versehen und trägt das Gnadenbild der Schönen Maria. Unter deren Schutz lässt Ratisbona das Ghetto zerstören und die Juden aus der Stadt vertreiben. Im Vordergrund liegen kleine Kinder, die – so die spätmittelalterliche christliche Propaganda – von den Juden ermordet wurden. Gerade durch dieses drastische Detail wird das große Pogrom von 1519 als Akt der Befreiung gefeiert.

Auch im östlichen Fresko begegnet uns Ratisbona. Hier allerdings muss sie untätig mit ansehen, wie Regensburg ein Raub der Flammen wird. Allein die von ihrem am Himmel erschienenen Patron beschützte Kassianskirche bleibt verschont. Die von Göz plakativ an der Fassade angebrachte Inschrift *DCCCXCI UNICA ILLÆSA* (891 als einzige unversehrt) macht somit klar, dass St. Kassian als besonderer Gnadenort gleichsam prädestiniert zur Aufnahme des Gnadenbildes der Schönen Maria war.

Zusammenschau

Der Anlass für die Ausmalung von St. Kassian war ein doppelter: zum einen konkret die Verschönerung jenes Ortes, den – so die Botschaft – die göttliche Vorsehung für die Verehrung der Schönen Maria bestimmt hatte; zum andern aber auch das allgemeine Bedürfnis des Stiftes, sich nach Jahren des Prestigeverlustes selbst zu inszenieren. Dies geschah in St. Kassian nicht ganz so prächtig wie in der Alten Kapelle. Geschuldet war diese Differenzierung der unterschiedlichen Funktion der beiden Kirchen.

Das große Deckenfresko im Mittelschiff, eine Allegorie der Seelsorge, thematisiert die Einbindung des Titelheiligen und, in seiner Nachfolge, des Stiftskapitels in den Dienst der Kirche am Menschen. Damit wird die Rolle von St. Kassian als Pfarrkirche an prominenter Stelle betont. An den rahmenden Mittelschiffwänden wären nach der Logik sakraler Bilderzyklen des 18. Jahrhunderts eigentlich Szenen aus der Kassiansvita zu erwarten. Diese hat man jedoch gleichsam ins nördliche Seitenschiff verschoben, um stattdessen das Mittelschiff mit einer ganz auf das – damals am Hochaltar aufgestellte – Gnadenbild ausgerichteten mariologischen Bilderfolge zu schmücken. Damit trägt das Freskenprogramm der neuen Funktion von St. Kassian als Wallfahrtskirche Rechnung. Diese ikonologische Doppelbelegung des Mittelschiffs hatte zur Folge, dass die für die Legitimation der Übertragung des Gnadenbildes nach St. Kassian fundamentale Bildpropaganda im untergeordneten rechten Seitenschiff stattfinden

und Märtyrers und ihre Entwicklung von der Spätantike bis zur Neuzeit, Bern 1978, 168 f.).

20 Paricius (wie Anm. 1), 493, interpretiert in seiner Beschreibung des Schlusssteins das dem Heiligen als Attribut beigegebene Buch fälschlich als »*A.B.C. Taferl*«.

21 Zu diesem im 18. Jh. nicht zuletzt im Augsburger Kunstkreis populären ikonographischen Typus vgl. Ramsauer, Gabriele: Gute Hirtin, in: Marienlexikon, Bd. 3, St. Ottilien 1991, 62 f.

22 Vgl. auch die – im Einzelnen abweichenden – Deutungen von: Mettenleitner (wie Anm. 8), 38; Paskal, Iris: St. Kassian in Regensburg: die Fresken von Gottfried Bernhard Götz, unveröff. Magisterarbeit Universität Regensburg 1988, 60 ff.; Isphording 1998 (wie Anm. 8), 64.

Darstellung des Martyriums des heiligen Kassian, nördliches Seitenschiff

musste. Eine nachträgliche Rechtfertigung hat diese Lösung erst durch die Aufstellung der Schönen Maria am südlichen Seitenaltar im Jahre 1864 erfahren.

Mit seiner Entscheidung über die Disposition der Fresken hat das Stiftskapitel ungeachtet der Propagierung der Wallfahrt die primäre Aufgabe von St. Kassian als Pfarrkirche nicht in Frage gestellt. Die Fresken nehmen vielmehr das Thema auf, das außen am Nordportal angestimmt wird. Unter einer spätgotischen Kassiansfigur erklärt dort die Inschrift einer Rocaille-Kartusche die historische Sonderstellung des Gebäudes innerhalb der sakralen Topographie Regensburgs: *PRIMA ECCLESIA S. CASSIANI & CIVIŪ PAROCHIA.*[23]

23 Übersetzung: *»das erste dem hl. Kassian geweihte und den Bürgern als Pfarrkirche dienende Gotteshaus«.*

Michael Feil

Chronologie der Instandsetzungsmaßnahmen

März 2006

– Erstbesuch des Bischöflichen Baureferats, Baudirektor Paul Höschl
– Festlegung von Voruntersuchungen, des Maßnahmenumfangs und der Bauabschnitte

Februar 2007

– Beschluss des Stiftskapitels zur Durchführung von Voruntersuchungen
– Beauftragung Architekturbüro A2, Regensburg, Ingenieurbüro Peter Hofmann, Regensburg

April 2007 – Januar 2008

– Voruntersuchungen Bausubstanz, Dachtragwerk

Januar 2008

– Abstimmung Umfang und Ausführung, Finanzierungsplan mit dem Bayerischen Landesamt für Denkmalpflege, Generalkonservator Prof. Dr. Egon J. Greipl

2008

– Statische Sicherung Gründung

April 2009 – Juni 2012

– Instandsetzung Dachtragwerk und Fassaden

Mai 2010

– Beauftragung Architekturbüro Michael Feil, Regensburg

Mai 2010

– Abstimmung des Umfangs der Voruntersuchungen

Juli 2010 – Februar 2011

- Voruntersuchungen
- Bestandserfassung, Untersuchungen, Musterflächen
- Erarbeiten eines Restaurierungskonzeptes der einzelnen Fachbereiche

2011

- Erarbeiten eines umfassenden Konzeptes zur Inneninstandsetzung, einer Kostenberechnung, Erstellen der Antragsunterlagen für die Fördermittelgeber

November 2011

- Auswahlverfahren für die Altarraumgestaltung

Dezember 2011

- Finanzierungsgespräch zur Inneninstandsetzung

April 2012

- Beginn der Inneninstandsetzung

Februar 2013 – November 2014

- Einrüstung des Innenraums

April 2015

- Aufstellung des neuen Zelebrationsaltares

Juli 2015

- Fertigstellung der Maßnahmen zur Inneninstandsetzung

Oktober 2015

- Feierliche Wiedereröffnung
- Altarweihe durch Diözesanbischof Dr. Rudolf Voderholzer

Silvia Codreanu-Windauer

Archäologische Untersuchungen zur frühen Baugeschichte von St. Kassian

St. Kassian gilt als erste Pfarrkirche Regensburgs für die königlichen Hintersassen und die Bewohner der damaligen Stadt, zugehörig seit dem 9. Jahrhundert zur königlichen Pfalzkapelle. Archivalisch wird die *Capella[m] ad sanctum Cassianum* erstmals im Jahre 885 in einer Schenkungsurkunde Karl III. des Dicken an das Stift der Alten Kapelle genannt.[1] Die nächste Erwähnung steht im Zusammenhang mit dem verheerenden Stadtbrand von 891, in der ausdrücklich berichtet wird, dass neben St. Emmeram nur St. Kassian von der Zerstörung verschont blieb.[2] Das kann als sicherer Beleg dafür gedeutet werden, dass die Kirche ein Steinbau war.

Aufgrund ihres hohen Alters und der dennoch sehr spärlichen Kenntnis zur Baugeschichte stand die Generalsanierung der Kirche St. Kassian von vornherein im Brennpunkt der archäologischen und bauhistorischen Denkmalpflege. In der Regel beginnen große Restaurierungsmaßnahmen an solch bedeutenden Denkmälern mit Voruntersuchungen zur Erstellung eines detaillierten Sanierungskonzeptes. Dazu gehören nicht nur bauliche Untersuchungen des Dachwerkes oder restauratorische Befundungen der Putzschichten, sondern auch statisch notwendige Sondagen. Letztere wurden an einigen sensiblen Punkten wie den Mittelschiffspfeilern 2007 angelegt und archäologisch begleitet. Die dabei erfolgte Entdeckung von Spuren der Vorgängerkirchen war eine kleine Sensation, denn es stellte sich heraus, dass die ältesten Mauern bis in karolingische Zeit zurückgehen.[3]

Die Ergebnisse dieser kleinräumigen Grabung wurden 2011 ausführlich publiziert,[4] fast gleichzeitig mit einem Aufsatz über den Skulpturenfund aus St. Kassian.[5] Weitere bauhistorische Untersuchungen und kunsthistorische Recherchen sowie Grabungen im Westteil der Kirche 2012[6] haben jedoch neue Erkenntnisse zur Entwicklung dieser geschichtsträchtigen Kirche erbracht, die im Folgenden kurz vorgestellt werden sollen (Abb. 1).

Die spätkarolingische Kirche (Bauphase I), erbaut um 880

Im Bereich der östlichen Mittelschiffspfeiler wurden 2007 zwei leicht korbbogenförmige, gedrückte Nebenapsiden von 2,50 m lichter Breite freigelegt (Abb. 2 und 3). An ihrem Scheitel waren beidseitig massive 1,20 m breite und etwa einen Meter tiefe Altarblöcke angebaut. Die Apsiden waren innen wie außen verputzt und weiß gekalkt. Im Innenraum kam an einer kleinen Stelle sogar eine Seccomalerei mit ockerfarbenen und roten Linien zum Vorschein, die nahelegt, dass der Sockelbereich der Nebenchöre wohl mit einem Vorhangmotiv ausgestaltet war. Außen an der nördlichen Apsis konnten zudem Brandspuren festgestellt werden, die jedoch durch Neuverputzung repariert wurden.

1 Monumenta Boica XXVIII/1, 76 (Nr. 57).
2 Annales Fuldenses, MGH SS I, 407.
3 Codreanu-Windauer, Silvia/Weindl, Stephanie: Auf den Spuren der karolingischen Kirche St. Kassian, in: Das Archäologische Jahr in Bayern 2007, 109 f.
4 S. Codreanu-Windauer/Zuber, Stephanie: Die Ausgrabungen in St. Kassian zu Regensburg, in: Beiträge zur Archäologie in der Oberpfalz und Regensburg 9 (2011), 265 ff.
5 Schmidt, Michael: Der Schlussstein des hl. Kassian – deponiert und wieder geborgen in: Denkmalpflege in Regensburg 12 (2011), 51 ff.
6 Ausgrabung durch die Fa. Adilo, Parsberg, M-2012-828-1-Ortsakten BLfD Regensburg.

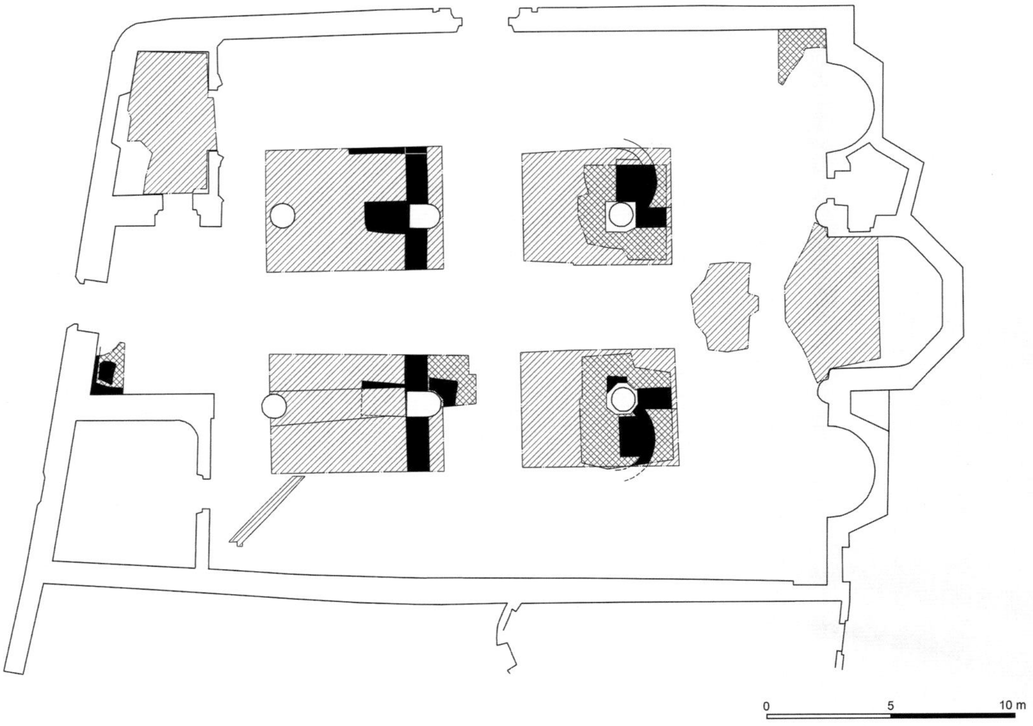

Abb. 1: Übersicht der archäologisch untersuchten Flächen: kreuzschraffiert: 2007 – tiefgründig ausgegrabene Flächen; schräg schraffiert: 2012 – bis -0,50 m freigelegte Flächen

Die beiden Apsiden müssen einen 5,8 m breiten Hauptchor flankiert haben, den man sich in Analogie zu bekannten zeitgleichen Kirchen wohl als ebenfalls apsidial geschlossen vorstellen muss. Bei einer nachgewiesenen Breite im Chorbereich von etwa 14,80 m dürfte der Kirchenbau mindestens 20 m lang gewesen sein.[7] Ein kleines Indiz zum Langhaus lieferte der gestampfte Lehmfußboden, der allerdings nur in einer kleinen Fläche an dem zweiten südlichen Mittelschiffspfeiler nachgewiesen werden konnte. Er lag ca. 2,20 m unter dem Niveau der heutigen Kirche.

Aus dem Mörtel der beiden Apsiden wurden je eine Holzkohlenprobe an der Universität Erlangen 14C-datiert.[8] Die Messkurven (Sigma 2-Kurven) überlappen sich in der Zeitspanne zwischen 853 und 984, die Peaks liegen bei 889–986 bzw. 803 und 897, so dass eine Entstehungszeit der Kirche in den 80er-Jahren des 9. Jahrhunderts sehr wahrscheinlich ist.[9] Die Erstnennung der *Capella(m) ad sanctum Cassianum* im Jahre 885[10] dürfte somit sehr nah am Erbauungs- bzw. am Weihezeitpunkt liegen. Dass die Kalzinierung an den Außenseiten der Apsiden in Zusammenhang mit dem Stadtbrand von 891 steht, aus dem der Überlieferung nach die Kirche St. Kassian unbeschadet hervorgegangen ist,[11] erscheint plausibel, ist aber letztendlich nicht zu beweisen. Wahrscheinlich schützte nicht nur die massive Bauweise, sondern auch der umliegende Friedhof die Kirche vor größeren Schäden. Letzterer

7 Möglicherweise gehört das nur in einem sehr kleinen Ausschnitt erfasste Mauerstück M 104 ganz im Westen der Kirche zur ehemaligen Westfassade. Codreanu/Zuber 2011 (wie Anm. 4), 275, Abb. 3; 5; 9, Profil 6.

8 AMS Labor Erlangen, Physikal. Institut Abt. IV, Univ. Erlangen, Probe 08/08-2 und 3. Bestimmung vom 24. 11. 2008.

9 Codreanu-Windauer, Silvia: 14C-Datierungen früh- und hochmittelalterlicher Baubefunde anhand des Setzmörtels, in: Jahresbericht der Bayer. Bodendenkmalpflege 54 (2013), 440.

10 Monumenta Boica XXVIII/1, 76 (Nr. 57).

11 Annales Fuldenses, MGH SS I, 407.

Abb. 2: Blick auf die nördliche Seitenapsis des karolingischen Kirchenbaus

Abb. 3: Blick auf die südliche Seitenapsis des karolingischen Kirchenbaus mit dem erhaltenen Blockaltar

Abb. 4: Blick von Westen auf die nördliche Quermauer mit dem Anschluss der älteren Seitenschiffwand

lag nachweislich nördlich der Kirche,[12] dessen Ausdehnung war jedoch archäologisch nicht näher eingrenzbar.

Trotz Brand blieb der Chorbereich intakt. Das legt auch die Beibehaltung der beiden Nebenapsiden bei dem nächsten Umbau nahe.

Die Rekonstruktion der ältesten Kassianskirche anhand der ergrabenen Architekturelemente ist schwierig, fehlen doch wegen der beschränkten archäologischen Untersuchungsflächen viele entscheidende Befunde, wie z.B. die Lage der seitlichen Langhauswände. Deshalb ist unklar, ob es sich bei dieser Kirche um einen sogenannten Dreiapsidensaal handelt oder um eine Kirche mit Querschiff und eingerückten Seitenwänden vom Typ Steinbach.[13] Dreiapsidensäle sind besonders im Churrätischen Raum verbreitet und nur ganz selten nördlich der Alpen anzutreffen. Allerdings ist der jüngst publizierte Grundriss von St. Peter in Ohrdruf (Thüringen) als mögliche Parallele zu einer rekonstruierten Kassianskirche durchaus in Erwägung zu ziehen.[14]

Eine Rekonstruktionsalternative bieten Kirchen, in denen die beiden Apsiden als Kapellen räumlich abgegrenzt und querschiffartig einem schmalen Langhaus vorgelagert sind. Solche querarmförmigen apsidialen Annexbauten sind im 6. bis ins frühe 9. Jahrhundert im alpinen und adriatischen Raum

12 Codreanu/Zuber 2011 (wie Anm. 4), 286. – Zu älteren Skelettfunden: Dallmeier, Lutz Michael: Fundort Regensburg. Archäologische Topographie der Stadt Regensburg (Regensburger Studien und Quellen zur Kulturgesch. 10), Regensburg 2000, 166f.

13 Ebd., 294ff.

14 Wie bei St. Kassian sind dort aber auch nur die beiden Nebenapsiden nachgewiesen: Hopf, Udo/Müller, Christine: Die ehemalige Kirche St. Peter in Ohrdruf – die älteste Steinkirche Thüringens, in: Jahrbuch des Hennebergisch-Fränkischen Geschichtsvereins 29 (2014), 43ff.

15 Notdurfter, Hans: Frühchristliche und frühmittelalterliche Kirchenbauten in Südtirol, in: Sennhauser, Hans Rudolph (Hg.): Die frühe Kirche im östlichen Alpengebiet (Abhandl. Bayer. Akademie der Wissenschaften NF 123), München 2003, 273ff., bes. 306ff.

16 Codreanu/Zuber 2011 (wie Anm. 4), 297f.

17 Kornelimünster: Gesamtbr./Länge des Langhauses 12 m/14,30 m; Querschiffbreite 16 m; Mittelschiff im Lichten 4,36 m; Seitenschiffe 2,48 m breit: Hugot, Leo: Kornelimünster. Untersuchungen über die baugeschichtliche Entwicklung der ehemaligen Benediktinerkloster-

nachweisbar, u.a. in Säben (Sabiona) oder Trient, San Vigilio.[15] Es handelt sich um jene Gegend, in der auch die – nördlich der Alpen in Regensburg singuläre – Kassian-Verehrung nachweisbar ist.[16] Trotz der partiellen Grundrissübereinstimmungen mit den norditalienischen Kirchenbauten muss St. Kassian ein breiteres Schiff besessen haben, denn sonst wäre man bei der Grabung an dem zweiten südlichen Pfeiler auf die karolingische Langhauswand gestoßen. Alternativ findet man auch Parallelen bei Kirchen mit Querhaus und Seitenapsiden – ein Grundrisstyp, den die »Mutterkirche« von St. Kassian, die Alte Kapelle aufgewiesen haben soll. Ihr ursprünglicher Chorabschluss ist nicht erhalten, dafür das Querhaus, das nur geringfügig über die Fluchten der Langhauswände vorkragt.

Die wenige Jahrzehnte vor St. Kassian erbaute Alte Kapelle war allerdings von vornherein eine dreischiffige Basilika von 20 m lichter Schiffsbreite. Wenn man für die Bauphase I von St. Kassian ein nur leicht eingezogenes Querschiff nach dem Vorbild der Alten Kapelle annimmt, kommt man auf eine lichte Gesamtbreite des Kirchenschiffes um 12 m. Dies mag für die Annahme einer Dreischiffigkeit recht schmal wirken, doch zeigt der Vergleich zu den unter Kaiser Ludwig dem Frommen um 815 entstandenen Basiliken von Kornelimünster und Steinbach (Einhardsbasilika), dass damals basilikal gestaltete Kirchen auch kleiner Dimension üblich waren.[17] Solch ein Sakralbau von ca. 26–28 m Länge wäre leicht unter der heutigen Kirche unterzubringen (Abb. 5-rot). Der Vergleich zu diesen beiden Bauten drängt sich förmlich auf, da sie auch ein Querhaus mit Nebenapsiden besitzen. Deshalb wäre m.E. einer an diese Kirchen angelehnten Rekonstruktion der Vorzug zu geben – unabhängig davon, ob das Langhaus als Saal oder dreischiffig ausgebildet war. Dieses Bauschema war immerhin eng mit königlichen Auftraggebern verbunden und findet sich in Regensburg ein halbes Jahrhundert später wieder in der ottonischen Damenstiftskirche von Niedermünster, ein vom bayerischen Herzog Heinrich I. errichteter Repräsentationsbau, in dem er an prominenter Stelle 955 seine letzte Ruhestätte fand.[18]

Der romanische Umbau – Bauphase II, wohl 12. Jahrhundert

Unter Beibehaltung der kleinen Nebenapsiden und des Langhauses des karolingischen Gotteshauses wird in der Romanik der Chor erneuert[19] (Abb. 5-hellgrün). Archäologisch erfasst wurden die Ansätze zweier vom inneren Ansatz der karolingischen Nebenapsiden nach Osten verlaufende Mauern von 0,85 m Stärke, die aufgrund des zweischaligen Mauerwerks nur pauschal als romanisch eingestuft werden können (Abb. 2 und 3). Verbaute kalzinierte Steine legen nahe, dass wohl Material aus dem abgerissenen karolingischen Hauptchor wiederverwendet wurde. Im Zuge dieses Umbaus wurden die kleinen Nebenapsiden beibehalten, ihre Altarblöcke jedoch durch Ummantelung vergrößert und erhöht.

Über das ursprüngliche Aussehen dieses neuen Chores kann man ebenfalls nur spekulieren: Aufgrund der schmalen Vorlage kann man auf einen abgesetzten Triumphbogen schließen. Denkbar wäre dahinter ein quadratisches Chorjoch, das mit einer eingezogenen Apsis abschloss. Zu jener Zeit sind aber auch Kirchen mit Rechteckchören und apsidialen Nebenchören bekannt, wie z.B. die romanische Heilig-Geist-Kirche in Landshut oder die Stiftskirche St. Philipp und Jakob in Altötting (Periode III, 11. Jahrhundert).[20]

kirche (Rheinische Ausgrabungen 2), Köln/Graz 1968, bes. 103ff. – Steinbach: Mittelschiff 12,30 m lang; 7,30 m breit: Ludwig, Thomas/Müller, Otto/Widdra-Spiess, Irmgard: Die Einhards-Basilika in Steinbach bei Michelstadt im Odenwald, Mainz 1996. Vgl. Zusammenstellung solcher Bauten bei: Schwarz, Klaus: Regensburg während des ersten Jahrtausends im Spiegel der Ausgrabungen im Niedermünster. Jahresbericht der Bayer. Bodendenkmalpflege 13/14 (1972/73), Abb. 47.

18 Wintergerst, Eleonore: Die Ausgrabungen im ehemaligen Kreuzgang des Niedermünsters in Regensburg (Regensburger Studien 10), Regensburg 2004, 33ff. Konrad, Michaela/Rettner, Arno/Wintergerst, Eleonore: Die Ausgrabungen unter dem Niedermünster zu Regensburg I. Grabungsgeschichte und Befunde (Münchner Beiträge zur Vor- und Frühgeschichte 56), München 2010.

19 Codreanu/Zuber 2011 (wie Anm. 4), 287f.; 300, Abb. 17,1.

20 Engelhardt, Bernd/Häck, Bernhard: Archäologische Untersuchungen in der Spitalkirche Heilig-Geist zu Landshut, in: Schmotz, Karl (Hg.): Vorträge des 15. Niederbayerischen Archäologentags, Espelkamp 1997, 297ff.

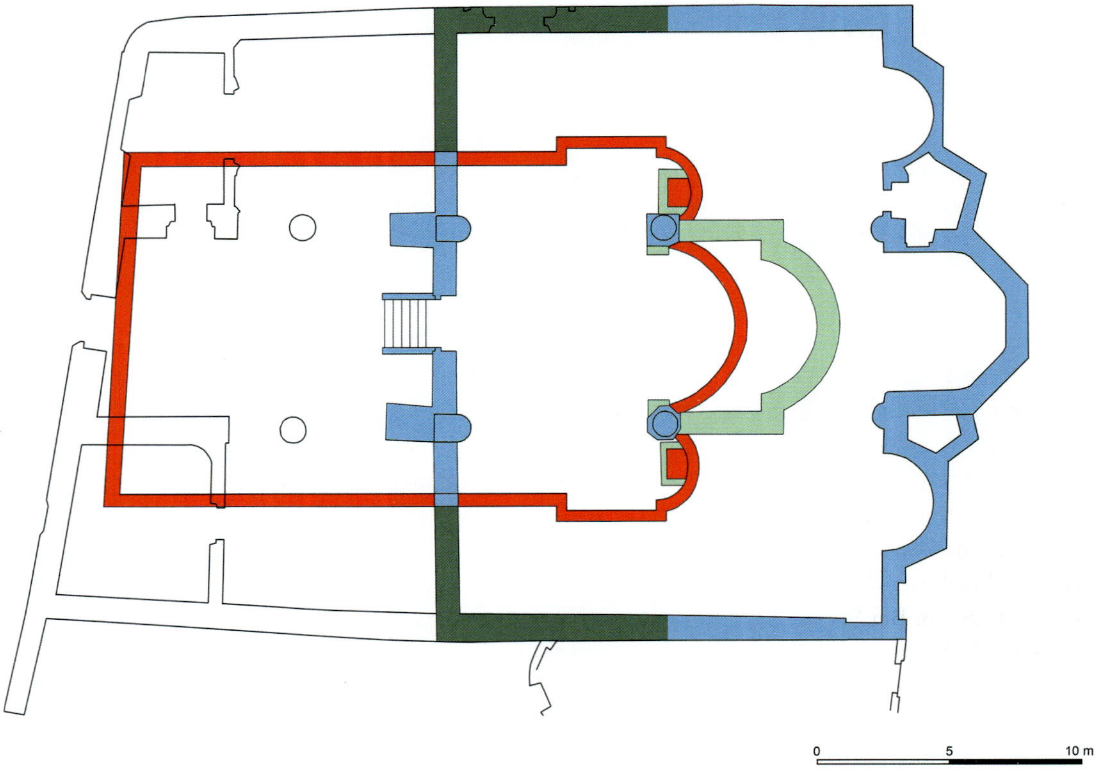

Abb. 5: Schematische Rekonstruktion der mittelalterlichen Bauabfolge: Spätkarolingische Kirche, um 880 (rot); Romanische Chorerweiterung, um 1200 (hellgrün); Neubau der Seitenschiffe, 13. Jahrhundert (dunkelgrün); Gotischer Chorneubau und provisorische Westfassade, um 1300 (blau)

Der spätromanisch-gotische Neubau, Bauphase III

Das Baugeschehen ab dem fortgeschrittenen 12. Jahrhundert ist anhand der archäologischen Untersuchungen und jenen am aufgehenden Mauerwerk nicht so klar nachzuvollziehen, da nur vereinzelte, kleinflächige Untersuchungen möglich waren.

Die wichtigsten Indizien für einen groß angelegten Neubau lieferten bereits die Grabungsergebnisse von 2007, denn in allen Schnitten war zu erkennen, dass man das Laufniveau der Kirche um 1,20 m anhob. Diese Auffüllungen erstrecken sich bis zu einer massiven Westwand. Dank der neueren Grabungen von 2012 ist zu erschließen, dass jene offensichtlich die heutige Kirche in voller Breite durchzog. Archäologisch nachgewiesen wurde die Mauer beidseitig des südlichen und nördlichen Mittelschiffspfeilers sowie ein gutes Stück in das nördliche Seitenschiff hinein. Zusammen mit den halbrunden Mittelschiffspfeilern hatte man an deren Westseite Strebepfeiler von 1,70 m Länge und 1,30 m Breite errichtet, deren Außenseiten auf Sicht aus geglätteten Kalksteinblöcken gearbeitet war. Bei ca. -0,50 m

Mittelstraß, Tilmann: Ausgrabungen in der Stiftskirche St. Philipp und Jakob in Altötting, in: Das archäologische Jahr in Bayern 1999, 119 ff.

21 Lüpnitz, Maren: Aufmaßbericht zum zweiten Arkadenbogen von Osten in der Südwand und Bericht zum studentischen Aufmaß vom 16.5. bis zum 20.5. 2011 (Ortsakten BLfD).

unter dem heutigen Niveau setzte mit einer 10 cm vorspringenden Schräge die Sockelzone an. Die Schräge des Pfeilersockels sitzt so tief, dass man davon ausgehen muss, dass das Außenniveau zum Zeitpunkt deren Erbauung etwa einen Meter unter dem neuen Kirchenfußboden gelegen haben muss. Ferner belegt das Detail, dass die Schräge des Sockels unter die Quermauer zieht, dass die Abmauerung erst nach der Fertigstellung der Strebepfeiler dazwischen gesetzt wurde.

Die geschilderten Befunde deuten auf eine bauliche »Interimslösung« hin, nämlich die Schaffung einer provisorischen Westwand, die die fertiggestellten Ostteile der neuen Kirche von dem wohl in Teilen noch stehenden Westbereich des Vorgängerbaus abgrenzte. Da jener ein sehr viel tieferes Fußbodenniveau besaß, muss es eine Treppe im Bereich des Mittelschiffes gegeben haben, die nach oben in die neue Kirche führte (Abb. 5-blau). Hinweise auf die später abgerissene Treppenanlage waren bereits in dem südlichen Schnitt von 2007 in Form einer mächtigen Bauschuttschicht sichtbar.

Im nördlichen Mittelschiff endet die neue Westwand nach zwei Metern stumpf an dem aus Handquadern ausgeführten Mauerkopf einer älteren Westmauer, die in derselben Flucht und Stärke weiter ins nördliche Seitenschiff hineinlief. Aufgrund der gleichen Mauertechnik steht jene wohl in baulichem Zusammenhang mit den östlichen Partien der nördlichen Seitenschiffswand.[21] Es handelt sich um Handquadermauerwerk mit Fugenkellenstrich, das noch als spätromanisch anzusprechen ist. Auffallend ist ferner, dass auch die Außenwand des südlichen Seitenschiffes etwa in der Flucht der provisorischen Westmauer einen deutlichen Knick aufweist.

Angesichts dieser Befundlage wird man sich den Bauablauf für den großen Kirchenneubau wie folgt vorstellen müssen: Bei Weiternutzung der karolingisch/romanischen Kirche hat man noch in der Spätromanik im Außenbereich mit den Baumaßnahmen begonnen. Errichtet wurden zunächst die östlichen Teile der neuen Seitenschiffe in Handquadermauerwerk mit Fugenkellenstrich (Abb. 5-dunkelgrün). Nach einem Brand, dessen Spuren am Handquadermauerwerk noch ablesbar waren, nahm man den gotischen Neubau in Angriff, beginnend mit der Errichtung des Chores und der Sakristei (Abb. 5-blau).

Solange man an den Außenwänden arbeitete, konnte in der alten Kirche weiterhin Gottesdienst abgehalten werden. Erst zum Zeitpunkt der Einwölbung des gotischen Chores und der Errichtung der neuen Mittelschiffspfeiler stand die alte Kirche im Wege. Folglich trug man deren Ostteile ab und verfüllte den Innenraum der neuen Kirche mit dem angefallenen Bauschutt. Die Fertigstellung dieses Bauzustandes ist anhand stilistischer Merkmale und u. a. auch von Steinmetzzeichen aus dem Regensburger Dom um 1300 einzuordnen.[22] Dazu passen Münzfunde, die in der Auffüllung unter dem Laufhorizont der neuen Kirche lagen.[23] In diesem Zusammenhang sei auch die Inschriftentafel erwähnt, die bis ins 18. Jahrhundert im Chorfußboden eingelassen war und die Jahreszahl 1311 nennt, sowie die Inschrift, die Bautätigkeiten des Schultheiß Konrad von Zandt in den Jahren 1304 und 1308 nahelegt.[24]

Wie lange die Baumaßnahmen im Langhaus andauerten, ist unklar. Wahrscheinlich ist aber die allein aufgrund eines Steinmetzzeichens vertretene Spätdatierung des mittleren Rundpfeilerpaars[25] nicht aufrecht zu halten. Da jene Pfeiler zeitgleich mit der provisorischen Westwand errichtet wurden und erst danach eine vollwertige Nutzung der neuen Kirche möglich war, dürfte der Abschluss dieser Bauphase näher an der Vollendung des Chores um 1300 liegen.

Die verbliebenen Teile des karolingischen Langhauses dürften um 1300 noch gestanden und als Eingangs- bzw. Vorhalle gedient haben. Darauf weist eine 2012 nur partiell erfasste Mauer an der Schnittgrenze im nördlichen Seitenschiff. Sie war an die provisorische Westwand angesetzt worden und könnte eine Reparatur der an jener Stelle sicherlich durch den Abbruch beschädigten Langhausmauer der Vorgängerkirche zu interpretieren sein.

22 Schmidt, Michael 2011 (wie Anm. 5), 51 ff. Siehe auch den Beitrag von Schmidt, Michael, Der Schlussstein des hl. Kassian und die Baugeschichte der Stiftspfarrkirche »um 1300« in diesem Band.

23 Codreanu/Zuber 2011 (wie Anm. 4), 289f.

24 Trapp, Eugen: St. Kassian in Regensburg, Anmerkungen zur mittelalterlichen Bau- und Ausstattungsgeschichte, in: Beiträge zur Geschichte des Bistums Regensburgs. 34 (2000), 147ff., hier 154.

25 Codreanu/Zuber 2011 (wie Anm. 4), 291.

Dass solche Provisorate manchmal langlebiger sind als geplant, zeigt eindrucksvoll der gotische Dombau:[26] Auch dort wurde noch während der Bestandszeit des romanischen Domes mit dem Bau des neuen Chores begonnen, auch dort wurde der Vorgängerbau immer nur nach Bedarf, Stück für Stück abgerissen, der Abbruchschutt vor Ort verfüllt und ein wesentlich höheres Fußbodenniveau geschaffen. Letztendlich wurde auch dort eine Westfassade errichtet mit einer Treppenanlage, die vom romanischen Niveau zum neuen gotischen hinaufführte und dann ca. 150 Jahre Bestand hatte! Das dürfte sich »im Kleinen« etwa zur gleichen Zeit auch in St. Kassian abgespielt haben, denn das um 1310–1320 fertiggestellte Provisorat blieb voraussichtlich bis 1477 bestehen, als St. Kassian durch die Vollendung der Seitenschiffe und der Westteile im Großen und Ganzen seine heutige Grundrissgestalt erreichte.

26 Codreanu-Windauer, Silvia/Schnieringer, Karl: Die Ausgrabungen im Regensburger Dom, in: Der Dom zu Regensburg. Ausgrabung. Restaurierung. Forschung, München/Zürich 1990, 81–91, bes. 88 ff.

Michael Schmidt

Der Schlussstein des heiligen Kassian und die Baugeschichte der Stiftspfarrkirche »um 1300«

Im Zuge restauratorischer Befunduntersuchungen, die den Mauerwerksverpressarbeiten zur statisch-konstruktiven Instandsetzung des Kirchenbaus vorgeschaltet waren, wurde im Jahr 2011 in der innenseitigen südlichen Seitenschiffwand, knapp unterhalb der Traufe der Flachdecke, der Schlussstein des heiligen Kassian entdeckt (Abb. 1).[1] Der Stein wurde im Zuge der spätbarocken Umgestaltung der Kirche an der Stelle eingebaut, im Mauerwerk deponiert und gelangte schließlich unter Putz, wobei die putzmäßige Überdeckung nur wenige Millimeter betragen hat.[2]

Schnell war klar, dass es sich bei dem Artefakt um den bei Paricius beschriebenen Schlussstein des Chorgewölbes der Kirche handeln musste: Dieser Schlussstein mit dem *»Bildnus«* des heiligen Kassian findet in einem Inventar-Verzeichnis aus der Zeit um 1700 Erwähnung und wurde in dem 1753 erschienenen Regensburg-Führer von Johann Carl Paricius *»mit dem Inful auf dem Kopf, und einem A.B.C. Taferl in der Hand«* als Bestandteil *»des letzthin abgebrochenen alten Chor-Gewölbs«* beschrieben.[3] Auch auf dem dokumentarischen Kupferstich des mittelalterlichen Chores von Josef Resch (publiziert 1754/1755) ist der Stein im Kontext der Gewölbefiguration dargestellt (Abb. 2). Der Stein wurde also im Zuge der Umgestaltung der St. Kassianskirche zur Wallfahrtskirche ab 1749 und dem damit verbundenen Ausbruch des Chorgewölbes niedergelegt und anschließend im Mauerwerk, im Bereich der Zusetzung eines spitzbogigen Fensters der frühgotischen Kirche, verbaut.

Fundumstände (Fund und Befund)

Der mit Ansätzen für sechs Birnstabrippen versehene tellerförmige Schlussstein über mächtigem Wulst hat einen Durchmesser von circa 52 cm und eine Tiefe von circa 30 cm. In der erhobenen Rechten hält der Bischof mit Inful einen Griffel, in seiner Linken vor der Brust ein Buch, das Paricius noch als Schreibtafel deutete. Der Kopf mit markanter Nase, hohen Wangenknochen und geschlossenen Lippen ist von hoher Präsenz und Körperlichkeit. Die strähnigen Haare bilden um die Ohren jeweils eine leichte Locke. Der Schlussstein wurde in der Seitenschiffwand nicht einfach abgelegt oder eingemauert, sondern sorgfältig mit vier Eisenhaken in Front zum Betrachter fixiert und kranzartig umgeben von mehreren gleichfalls dort sorgsam deponierten Rippenwerkstücken. Der Stein wurde mit einer nur wenige Millimeter starken Putzlage überdeckt.

1 Dazu Schmidt, Michael: Der Schlussstein des heiligen Kassian – deponiert und wieder geborgen. Ein ungewöhnlicher Skulpturenfund aus der Stiftspfarrkirche St. Kassian, in: Denkmalpflege in Regenburg 12 (2011), 51–60.

2 Salzberger, Claudia: Dokumentation Freilegung Schlussstein Stiftspfarrkirche St. Kassian, Regensburg (Restaurierungsbericht; unveröffentlicht; Ortsakte des Bayerischen Landesamtes für Denkmalpflege), Februar 2011; Bayerisches Landesamt für Denkmalpflege, Handaufmaß des Schlusssteins, bearb. von Schnieringer, Karl, Februar 2011 (unveröffentlicht; Bayerisches Landesamt für Denkmalpflege, Planarchiv).

3 Nadler, Stefan/John, Sabine: Kath. Stiftspfarrkirche St. Kassian in Regensburg. Dokumentation zur Bau-, Ausstattungs- und Restaurierungsgeschichte. Erstellt im Auftrag des Kollegiatstifts zur Alten Kapelle in Regensburg, München 2015 (unveröffentlicht; ein Exemplar beim Bayerischen Landesamt für Denkmalpflege), 72; Paricius, Johann Carl: Allerneueste und bewährte Nachricht von allen in denen Ring-Mauern der Stadt Regensburg gelegenen Reichs-Stifftern, Haupt-Kirchen und Clöstern catholischer Religion, Regensburg 1753, 492.

Im Zuge der barocken Umgestaltung kurz nach der Mitte des 18. Jahrhunderts erfuhr die St. Kassianskirche zahlreiche Veränderungen. Dabei wurden die gotischen Fenster an den Seitenschiffen zugesetzt, wozu unter anderem Abbruchmaterial abgeschlagener gotischer Architekturelemente verwendet worden war, außerdem die Mauerkrone der südlichen Seitenschiffwand mit Abbruchmaterial erhöht. Während das Abbruchmaterial der gotischen Architekturglieder der St. Kassianskirche bei der Zusetzung der Fenster und der Erhöhung der Seitenschiffwände gleichsam als recycelter Bauschutt Verwendung fand, stellte sich die Situation beim vermauerten Schlussstein mit der Kassiansbüste anders dar.

Hier waren die historischen Bauteile im Sinne eines sogenannten Weihedepots sorgsam gelagert, wohingegen die Kassiansbüste auf eine künftige Präsentation hin eingebaut worden zu sein scheint. In der Achse unter dem Schlussstein des heiligen Kassian komplettierte eine, wohl um 1863 verschlossene, rundbogige Wandnische unbekannter Zweckbestimmung dieses Arrangement. Die Abdeckung der Büste scheint zunächst nicht definitiv festgelegt gewesen zu sein. Aufgrund der Art der Platzierung der Büste und der darunter angelegten Nische ist der Schluss erlaubt, zunächst von einer Verwendung der Kassiansbüste als Spolie auszugehen. Noch während der Bauphase nahm das Kollegiatstift von seinen ursprünglichen Planungen einer Präsentation des Schlusssteins als Spolie Abstand und ließ das Bauteil überputzen. Auf diese Weise wurde der Stein zur *»deponia pia«*.[4] Die Übergänge zu anderen Formen der kultischen Bergung, wie etwa dem Bauopfer, sind fließend, so dass ich auch eine derartige Zweckbestimmung des Schlusssteins nicht ausschließen möchte.[5]

4 Dünninger, Hans: Deponia pia. Jahrbuch für Volkskunde, NF 1 (1978), 238–240.

5 Siehe Beitrag von Wentzel, Hans: »Bauopfer« in: Reallexikon der deutschen Kunstgeschichte, Bd. 2, Stuttgart/Waldsee 1948, Sp. 105 f.

6 Monolith Bildhauerei und Steinrestaurierung, Bamberg,

Abb. 1: Schlussstein des heiligen Kassian während der Bergung, 2011

Abb. 2: Josef Resch, Annales Ecclesiae Sabionensis: Ansicht des frühgotischen Chores, 1754/1755

Die Freilegung und anschließende Bergung der Kassiansbüste war zunächst nicht vorgesehen. Denkmalpflegerisches Ziel war es, das angeschnittene Weihedepot als geschichtliches Zeugnis auch an dieser Stelle unverändert im Mauerwerk zu belassen. Aufgrund der hohen kunstgeschichtlichen Bedeutung des Werkes respektierte das Bayerische Landesamt für Denkmalpflege jedoch den Wunsch des Kollegiatstifts nach einer Bergung. Der Stein wurde schließlich Ende Februar 2011 ausgebaut.

Eine zunächst erwogene Präsentation im Antependium des neuen Zelebrationsaltares wurde aus liturgischen Gründen verworfen, so dass man sich entschloss, den Stein nach erfolgter restauratorischer und naturwissenschaftlicher Untersuchung und Konservierung wieder an seinen sekundären Platz zurückzubringen – nun aber nicht im überdeckten Zustand, sondern gleichsam als Spolie.[6] Ein profilierter Ring unterstreicht die medaillonartige Wirkung des Steins und kaschiert gleichzeitig die Anschlussstellen zum Raumschalenputz.

Rätsel der Baugeschichte von St. Kassian

Es gibt wohl keine Kirche in Regensburg, die in den letzten Jahren einen derartigen Zuwachs an wissenschaftlicher Erkenntnis zu verzeichnen hat, wie St. Kassian. Zu diesen Erkenntnissen zählt auch, dass, anders als bislang angenommen, das Quermaß der Kirche auf das hohe Mittelalter zurückgeht, und nicht erst Ergebnis der Maßnahme in der zweiten Hälfte des 15. Jahrhunderts ist. Bereits im

bearb. von Krebs, Marina/Sabatzki, Christoph, Kurzbericht als Fotodokumentation. Konservierung/Einbau des Schlusssteines: Regensburg Stiftspfarrkirche St. Kassian, ehem. Chorgewölbe, Bamberg 2013 (unveröffentlicht; ein Exemplar beim Bayerischen Landesamt für Denkmalpflege).

Jahr 1865 hatte Joseph Lukas im Rahmen der seinerzeitigen Sanierung die entsprechenden Befunde im östlichen Bereich der nördlichen Außenmauer als *»romanisch«* bauhistorisch richtig einzuordnen gewusst, allerdings wurden dessen Erkenntnisse im Weiteren übersehen.[7] Diese hochmittelalterlichen Mauern der zweiten Hälfte des 12. Jahrhunderts entstammen entweder einer Verbreiterung des karolingischen Baus (was einen ungewöhnlich quergelagerten Grundriss ergeben hätte) oder der Errichtung eines Querhauses in Verbindung mit einem neuen Sanktuarium (St. Kassian hätte im Grundriss dann dem romanischen Bau der Alten Kapelle entsprochen). Die Mauern behielt man bei und verlängerte sie im Zuge des Chorneubaus um 1300 nach Osten sowie im letzten Drittel des 15. Jahrhunderts nach Westen.

Unbekannt war auch, dass der Baubeginn der St. Kassianskirche in der Zeit »um 1300« erfolgt war, wobei es sich hier um einen Arbeitsbegriff handelt, der letztlich einen Zeitkorridor beschreibt. Diese Baumaßnahme wird schließlich mit der Errichtung einer provisorischen Westwand auf Höhe der mittleren Freipfeiler des Langhauses abgeschlossen. Das etappenweise Bauen teilt St. Kassian mit anderen Regensburger Sakralbaustellen der Zeit (etwa Kirche St. Oswald: frühgotischer Chor von 1305 mit Dachwerk, 1309 dendrochronologisch datiert, danach Bauunterbrechung mit Errichtung einer provisorischen Westwand, Errichtung der westlichen Hälfte des Langhauses ab 1560).[8]

Unbekannt war aber bislang auch der Fortgang der Arbeiten: Im Jahr 1474 wurden die Bemühungen zur Vollendung von St. Kassian mit der Gewährung eines Ablasses wiederaufgenommen. Die Kirche wurde nach Abbruch der provisorischen Westwand, deren Mauerstücke nur im Bereich des mittleren Pfeilerpaares aus statischen Gründen stehen blieben und die zusammen mit dem Halbpfeiler des 14. Jahrhunderts die merkwürdige halbrunde Grundrissfigur des mittleren Pfeilers erklären, bis 1477 auf die heutige Ausdehnung nach Westen verlängert. Ein Knick an den Umfassungswänden nach Süden und Norden beschreibt die Stelle des spätgotischen Anbaus. Unmittelbarer Auslöser für das Weiterbauen war die Aufforderung der Stadt Regensburg, den drohenden Einsturz der Kirche abzuwenden. Carl Theodor Gemeiner überliefert eine Schlüsselstelle für die Lösung des Rätsels um den Weiterbau der Kirche. Als Folge eines Orkans im Oktober 1474 drohte *»St. Cassians alte Pfarrkirche in dieser Zeit der Einsturz. Unter Beziehung auf der Stadt Rechte verlangte der Rath, daß zur Abwendung alles Unglücks (...) ein Neubau unternommen werde. (...) Dieser Aufforderung kamen Dechant und Pfarrer mit aller Bereitwilligkeit entgegen, erboten sich einen Garten (zum Bau) herzugeben und nach Vermögen zu thun.«*[9] Was hier im Begriffe war einzustürzen, war aber nicht die frühgotische Kirche von St. Kassians, wie bislang vermutet wurde, sondern Gemeiner beschreibt den drohenden Einsturz der *»alten Pfarrkirche«*, nämlich den noch in Resten stehenden und als verlängertes Langhaus des frühgotischen Baus dienenden karolingischen Rumpfbau. Dieser wurde schließlich unter Dekan Hayden abgebrochen und die gotische Verlängerung des Baus nach Westen auf die heutige Länge durchgeführt.

7 Lukas, Joseph: St. Cassian und seine Kirche in Regensburg. Zur feierlichen Consekration dieser Kirche am 10. Juli 1865, Regensburg 1865, 12f. In diesem Sinne erstmals wieder Schmidt (wie Anm. 1), 52. Eine ausführliche Würdigung erfährt die Maßnahme des 12. Jahrhunderts durch Codreanu-Windauer, Silvia: St. Kassian – ein Nachtrag, in: Beiträge zur Archäologie in der Oberpfalz und Regensburg 11 (2016) (Aufsatz im Druck).

8 Baudaten nach den Ergebnissen der aktuellen Bauforschung im Rahmen der Erstellung des statisch-konstruktiven Gutachtens.

9 Gemeiner, Carl Theodor: Regensburgische Chronik 3, Regensburg 1821, 543.

10 Die archäologischen Ergebnisse werden von Silvia Codreanu-Windauer an anderer Stelle in dieser Festschrift ausführlich vorgestellt. Vgl. dazu auch Codreanu-Windauer, Silvia/Weindl, Stephanie: Auf den Spuren der karolingischen Kirche St. Kassian, Stadt Regensburg, Oberpfalz, in: Das archäologische Jahr in Bayern 2007, Stuttgart 2008, 109–110; Codreanu-Windauer, Silvia/Zuber, Stephanie: St.-Kassians-Platz 1 (Stiftspfarrkirche St. Kassian). Neues zur mittelalterlichen Baugeschichte, in: Denkmalpflege in Regensburg, Bd. 11, Regensburg 2009, 290–292; Codreanu-Windauer, Silvia/Zuber, Stephanie: Die Ausgrabung in St. Kassian zu Regensburg, in: Beiträge zur Archäologie in der Oberpfalz und Regensburg 9 (2011), 265–310; Emmerig, Hubert: Die Fundmünzen aus der Pfarrkirche

Der frühgotische Kirchenbau

Festzuhalten ist, dass offenbar ein Brand – die Handquader der östlichen Seitenschiffbereiche zeigen thermische Merkmale – den Anlass für den Auftakt zum frühgotischen Neubau der Kirche bildete, hinter dem wohl der tiefere Wunsch stand, eine den allgemeinen Tendenzen der Zeit in Regensburg gemäß moderne gotische Kirche zu bauen.[10] Die Arbeiten wurden überwiegend von Mitgliedern der Dombauhütte ausgeführt, wie am Dom und St. Kassian identische Steinmetzzeichen belegen. Den Auftakt der Maßnahme bildete, datiert über die auch am Domchor in der Phase zwischen 1295 und 1310 und am östlichen Pfeilerpaar des Langhauses vorkommenden Steinmetzzeichen und darüber hinaus abgesichert durch Münzfunde, die Errichtung des fünfteiligen Staffelchores, bestehend aus dem Hauptchor mit den drei rechteckigen raumhohen Fenstern zwischen fein profilierten, dreiecksförmigen Strebepfeilern, die in Wasserspeiern enden (Abb. 3).[11] Die beiden eingekürzten seitlichen Chorfenster – sie durchschneiden an der Außenseite die schräg geführten Kaffgesimse – wurden erst im Zuge des barocken Umbaus zwischen 1754/55 (Resch-Stich: dort nicht dargestellt) und 1758 (Deckengemälde der Rettung vor dem Brand im südlichen Seitenschiff: dort bereits mit Seitenfenstern) eingefügt. In den Zwickeln zwischen den Nebenchören und dem Hauptchor befanden sich ehemals kleine kapellenartige Bauten mit ursprünglich steilen Pultdächern, von denen sich der nördliche Bau (»Alte Sakristei«) noch erhalten hat. Die Existenz eines analogen Baus auf der Südseite des Chores belegt das außenseitig noch erhaltene schräg geführte Kaffgesims. Der Abbruch dieses Bauteils muss, nachdem er auf der Prospektansicht von Johann Carl Paricius nicht mehr dargestellt ist (Schmidt, Abb. 6, S. 32), bereits vor 1753 erfolgt sein.

Aus einer 1955 aufgedeckten Inschrifttafel an dem südlich an die Kirche angebauten Stiftsgebäude mit Nennung der Jahreszahlen 1304 und 1308 sowie des Schultheiß Konrad von Zant steht fest, dass die Patrizierfamilie Zant einen großen Anteil an der Baumaßnahme an St. Kassian hatte.[12] Diese Patrizierfamilie war unter den Brüdern Heinrich († 1295) und Konrad Zant († 1325) um 1300 nicht nur eine der einflussreichsten und mächtigsten Regensburger Familien, sondern sie war eine der zentralen Förderer der damaligen Zeit in Regensburg. Ihrem Bauengagement sind unter anderem die Spitalkirche St. Katharina als Patriziermausoleum (1287), die Markuskapelle am Kreuzgang der Alten Kapelle, die wohl noch vor 1295 begonnenen St. Pankratius- und Pantaleonkapelle am Zanthaus und die Kirche St. Lazarus am Siechhof zu verdanken. Außerdem war sie als Geldgeber an dem 1310 bis zur Hochgadenwand geführten Chorbau des Regensburger Doms maßgeblich mitbeteiligt. Alle Bauvorhaben der Familie Zant führten Mitglieder der Regensburger Dombauhütte aus. Möglicherweise war die Familie Zant auch Motor der architektonischen Innovationen und mitverantwortlich für den »Paukenschlag« (Martin Hoernes), den die Regensburger Domarchitektur mit ihrem Planwechsel hin zur Rayonnant-Architektur zwischen 1290 und 1305 vollzogen hat.[13]

St. Kassian in Regensburg, in: Beiträge zur Archäologie in der Oberpfalz und Regensburg 9 (2011), 311 ff.; Lüpnitz, Maren: Aufmaßbericht zum zweiten Arkadenbogen von Osten in der Südwand und Bericht zum studentischen Aufmaß vom 16.5 bis zum 20.5.2011 (unveröffentlicht; ein Exemplar beim Bayerischen Landesamt für Denkmalpflege, Stabstelle Bauforschung).

11 In diesem Zusammenhang wäre auch zu diskutieren, inwieweit die dreiecksförmigen Strebepfeiler des Chores von St. Kassian tatsächlich der Bauzeit entstammen oder das Ergebnis späterer Reparaturarbeiten, infrage käme hier nur die Spätgotik, sind. Niedermayer, Andreas: Künstler und Kunstwerke der Stadt Regensburg, Landshut 1857, 182, weiß von einem Umbau des Chores im Jahr 1498 zu berichten. Dass die Familie Zant mit dreiecksfömigen, spornartigen Strebepfeilern experimentierte, zeigt die Kirche des Katharinenspitals. Zu beantworten ist diese Frage nicht mehr, nachdem durch spätere Überarbeitungen der Steinoberfläche sämtliche Bearbeitungsspuren an St. Kassian verlorengegangen sind.

12 Sydow, Jürgen: Bemerkungen zu der bei St. Kassian aufgedeckten Inschrift, in: Verhandlungen des Historischen Vereins für Oberpfalz und Regensburg 96 (1955), 437 f.

13 Hoernes, Martin: Die mittelalterlichen Kapellenbauten an der Stiftskirche zur Alten Kapelle. Beziehungen zwischen Stift und Stadt, in: Schiedermair, Werner (Hg.): Die Alte Kapelle in Regensburg, Regensburg 2002, 124–134, hier 131.

Abb. 3: Ansicht des Staffelchores von St. Kassian von Osten

Es war Jürgen Sydow, der auf einen Kupferstich aus der Mitte des 18. Jahrhunderts aufmerksam machte, der den mittelalterlichen Hauptchor vor dem barocken Umbau der Kirche dokumentiert.[14] Publiziert wurde der anonyme Kupferstich in den Annales Ecclesiae Sabionensis von Joseph Resch, 1754/55. Es handelt sich bei dieser Ansicht gleichsam um eine frühe Dokumentationszeichnung vor dem grundlegenden Umbau der St. Kassianskirche. Sydow schlussfolgerte auf *»irgendwelche Baumaßnahmen«*, die in der Zeit um 1300 an St. Kassian stattgefunden haben mussten.[15] In Beziehung zu einer konkreten Maßnahme konnte er sie aber noch nicht setzen. Dies blieb dem Erkenntnisgewinn der letzten Jahre vorbehalten.

Der erwähnte Kupferstich zeigt den Blick in den Chor mit den drei gerade schließenden Fenstern mit Maßwerk in den oberen zwei Dritteln und dem unteren geschlossenen Bereich, das Kappengewölbe mit tief gezogenen Gewölbesegeln ruht auf schlanken Diensten. Der Schlussstein des Hauptchores zeigt den heiligen Kassian. Zur ursprünglichen Ausstattung gehörten eine Sakramentsnische, analog zum Regensburger Dom eine Verkündigungsgruppe zu beiden Seiten des Chorbogens auf Laubwerkkonsolen und unter einem Baldachin und eine zweisitzige, wimpergbekrönte frühgotische Sessionsnische an der Südseite des Chores, die im Zuge der aktuellen Sanierungsarbeiten wiedergefunden und bauforscherisch dokumentiert wurde (Abb. 4). Das Sakramentshaus stammt hingegen aus der Spät-

Abb. 4: Aufmaß der Sessionsnische im Chor, gez. M. Lüpnitz, August 2012

14 Sydow (wie Anm. 12), 437 f.; Trapp, Eugen: St. Kassian in Regensburg. Anmerkungen zur mittelalterlichen Bau- und Ausstattungsgeschichte, in: Beiträge zur Geschichte des Bistums Regensburg 34 (2000), 147–170, hier S. 153 f. Zum Bauengagement der Familie Zant siehe unter anderem Hoernes, Martin: Die Hauskapellen des Regensburger Patriziats. Studien zu Bestand, Überlieferung und Funktion, Regensburg 2000, hier 89–92.

15 Sydow (wie Anm. 12), 438.

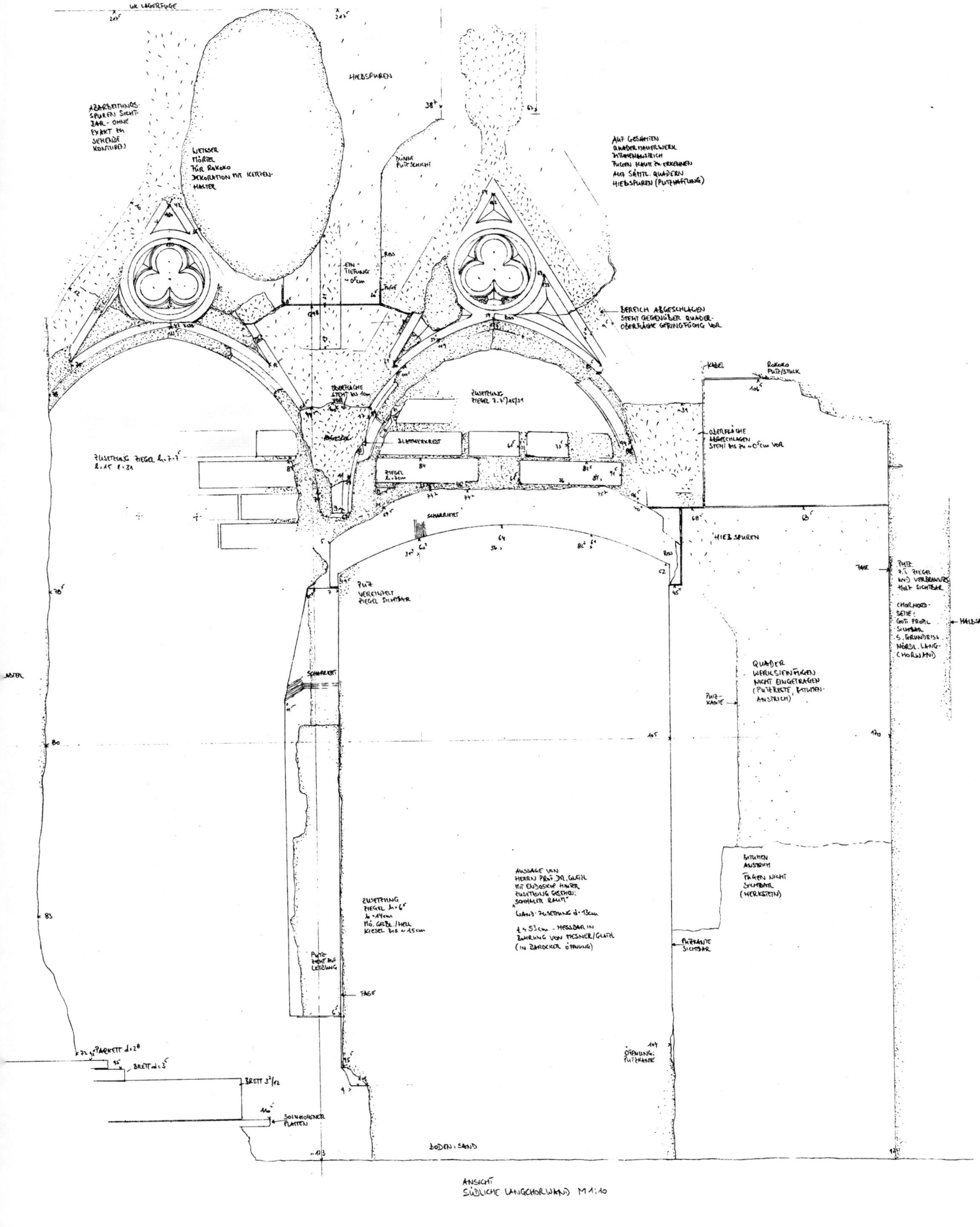

ANSICHT
SÜDLICHE LANGCHORWAND M 1:10

gotik. Eine Tür an der Nordseite der Chorwand stellte eine Verbindung zur Alten Sakristei her (später zugesetzt und Zugang zur Sakristei über die bestehende Tür von Westen neu organisiert). Eine weitere, bei Resch bereits nicht mehr dargestellte Tür erschloss den bereits vor der Mitte des 18. Jahrhunderts abgetragenen Raum auf der Südseite des Chorpolygons. Weiter dokumentiert der Kupferstich eine offensichtlich bis zur Mitte des 18. Jahrhunderts in der Mitte des Chores eingelassene Steinplatte mit der Jahreszahl MCCCXI. Ungewöhnlich sind die dargestellten sechs vierpassgerahmten Oculi, die die tiefgezogenen Segel des Kappengewölbes am Fuß durchbrechen. Das Bestreben, die Wand aufzulösen, ist ein Wesensmerkmal des Regensburger Doms. Nach englischem Vorbild (z. B. Augustinerkirche Bristol) werden auch die Zwickelflächen an den Erdgeschossfenstern des um 1310 vollendeten Hauptchores mit Oculi durchbrochen. In St. Kassian erfuhr das Motiv der durchgestanzten Öffnungen im Chorgewölbe, das sich in der französischen Früh- und Hochgotik ausgehend vom Chor der Kathedrale von Bourges (1196–1250) auch an der Unterkirche der Ste.-Chapelle in Paris (1241–1248), an der königlichen Stifts- und Pfarrkirche Villeneuve-sur-Yonne (1. Hälfte 13. Jahrhundert) sowie an der Kathedrale von Burgos/Spanien (2. Viertel 13. Jahrhundert) findet, eine Wiederaufnahme.

Mit den Rechteckfenstern am Chor von St. Kassian weist ein weiteres Motiv in den Formenkreis der französischen Früh- und Hochgotik des zweiten Viertels des 13. Jahrhunderts. Auch dieses ungewöhnliche Format, das der Kunstwissenschaft in der zeitlichen Einordnung lange Zeit Probleme bereitete, findet sich am Regensburger Dom. Die dortige Erdgeschosszone, in deren rechteckige Fensterrahmen im Inneren spitzbogige Maßwerkfenster mit vierpassgerahmten Zwickeln eingeschrieben sind, war um 1310 bereits vollendet. Derartige Fensterfiguren gehen auf französische Vorbilder zurück, etwa die Maßwerkfenster der um 1238 begonnenen königlichen Schlosskapelle St.-Germain-en-Laye und der Pfarr- und Wallfahrtskirche St.-Sulpice-de-Favières (Baubeginn um 1250).[16]

Wie diese Beispiele zeigen, werden am Chor von St. Kassian Formen der französischen Früh- und Hochgotik aus dem Umfeld kathedraler und königlicher Bauaufgaben zitiert und teilweise neu kombiniert. Überhaupt ist die Choranlage mit nichts vergleichbar, was zu dieser Zeit in Regensburg Standard war. Eine fünfteilige Anlage mit Haupt- und Nebenchören und die gestalterischen Qualitäten des Hauptchores sind für eine Pfarrkirche ungewöhnlich und unterscheiden sich von den Regensburger Einchorkirchen der Gotik grundlegend (St. Salvator, Dominikanerkirche, St. Oswald). Sie scheint mir unmittelbar durch den Regensburger Dom angeregt, aber inhaltlich darüber hinauszuweisen. Der auf Lichtfülle angelegte Chor scheint zusammen mit dem Hallenchor von Stift Heiligenkreuz/Niederösterreich (Weihe 1295) das sakrale Bauen an spätgotischen Wallfahrtskirchen mit ihren Lichtchören vorwegzunehmen.[17] Es stellt sich daher die Frage, ob der Chor von St. Kassian beispielsweise für einen marianischen Verehrungskontext gedacht gewesen sein könnte. Die als kathedralfranzösisch anzusprechende frühgotische Madonna mit Kind, aus der Zeit um 1270, heute in der Veitskapelle der Alten Kapelle, käme dafür in Betracht (Abb. 5).[18]

Der Chor von St. Kassian blieb Experiment ohne direkte Nachfolge. Als planentwerfender Architekt des Baus kommt nur eine hochstechende Persönlichkeit infrage, vielleicht Meister Ludwig, genannt Erminoldmeister, der sowohl die aktuellen als auch die bereits mehr als eine Generation zurückliegenden Formen kannte und neu zu kombinieren verstand. Die Architektur des Langhauses von St. Kassian war als flachgedeckte Basilika in der Art der Regensburger (Bettelordens-)Kirchen der Frühgotik gegenüber dem Chor sehr viel traditioneller ausgebildet, was aber die Lichtwirkung des Chorpolygons

16 Baudaten nach Kimpel, Dieter/Suckale, Robert: Die gotische Architektur in Frankreich 1130–1270, München 1995, 393–398, 426.

17 Zu den Chören ab der Mitte des 14. Jahrhunderts siehe Morsbach, Peter: »ein tempel uz edlem liecht gesteine«. Die »liehte wite« der Architektur und die Inszenierung des Heiligen am Beispiel des Chores von St. Sebald in Nürnberg, in: Jahrbuch des Vereins für Christliche Kunst in München e.V. 20 (1998), 7–37.

18 Zu dieser Skulptur zuletzt Mai, Paul (Hg.): Kollegiatstift Unserer Lieben Frau zur Alten Kapelle in Regensburg 1002–2002 (Katalog zur Ausstellung in der Bischöflichen Zentralbibliothek Regensburg 15. Juli bis 11. Oktober 2002; Kataloge und Schriften des Bischöflichen Zentral-

im Kontrast zum Langhaus zusätzlich betonte. Die im Zuge der archäologischen Grabungen 2007 aufgedeckten achteckigen, mit abgetreppten Konsolen besetzten Pfeilerbasen von St. Kassian zeigen die gleiche Steinmetzhandschrift wie einzelne Formen am südlichen Nebenchor des Regensburger Doms (Abb. 6).[19] Das Motiv selbst trat in der Regensburger Sakralarchitektur erstmals an den Langhauspfeilern der Minoritenkirche St. Salvator auf.

Für die Wahl dieser extrovertierten Formensprache mag auch der Wettstreit sowohl der Regensburger Stifte untereinander (St. Johann wurde 1290 in den Rang eines Kollegiatstifts erhoben) als auch der Regensburger Patrizierfamilien mitverantwortlich sein. Letzteres scheint ein Vergleich der fünfteiligen Chorpartie von St. Kassian mit der mit fünf hohen Spitzbogenfenstern belichteten Ostfassade der Thomaskapelle (davon allein drei Fenster am Chor) am Auerhaus (errichtet zwischen 1312–1324) zu belegen.[20] Engste Parallelen bestehen hinsichtlich der Auflösung des architektonischen Systems zugunsten einer neuen Lichtfülle und der aus der Häuserzeile in den Straßenraum springenden Chorpartie. Zudem waren sowohl die Thomaskapelle im Auerhaus als auch die Kirche St. Kassian ehemals mit einem Gebäude überbaut.[21] Denkbar, dass sich die Patrizierfamilien Auer und Zant einen architektonischen Wettstreit lieferten, bei dem Ursache und Wirkung selbst nicht immer eindeutig zu bestimmen sind und vielfach ineinanderfließen.

Der Schlussstein des heiligen Kassian unterstreicht das bisher Gesagte: In der charakteristischen Physiognomie des Steins begegnet nicht eine idealisierte Figur, wie sie die Regensburger Plastik, allen voran die Ehrengräber in St. Emmeram (Hochgräber für Heinrich den Zänker und die selige Aurelia, um 1320/30), so häufig auszeichnet, sondern eine Person von großer

Abb. 5: Stiftskirche Alte Kapelle, Frühgotische Madonna mit Kind, um 1270

archivs und der Bischöflichen Zentralbibliothek Regensburg, 18), Regensburg 2002, 232. Die Angabe der Provenienz schwankt zwischen Regensburg und Frankreich.

19 Hubel, Achim/Schuller, Manfred: Der Dom zu Regensburg. Fotodokumentation (Die Kunstdenkmäler von Bayern, NF, Bd. 7: Der Dom zu Regensburg. Teil 4 – Fotodokumentation), Regensburg 2012, 564, Abb. 1781/1782.

20 Daten nach Hoernes (wie Anm. 14), 194 f.

21 Zur Ostansicht von Stiftspfarrkirche und nach Süden anschließendem Pfarr- und Kanonikalhof vor 1888 Foto Emil Herbst (Bischöfliches Zentralarchiv Regensburg, AK 694), siehe: Nadler (wie Anm. 3). Die bestehende Überbauung von 1888 folgt dem historischen Vorbild.

Abb. 6: Basis des nordöstlichen Freipfeilers des Langhauses, Aufnahme 2007

Wachsamkeit. Anders als bei den Kopfkonsolen der Sakristei entfaltet die Bauplastik von St. Kassian beim Schlussstein eine Qualität, die nur über eine unmittelbare Kenntnis der zeitgenössischen französischen Plastik erklärt werden kann. An die Stelle der ornamentalen Freude bei der Gestaltung der Haartracht und der Physiognomie eines Erminoldmeisters ist hier eine neue Körperlichkeit getreten, mit individuellen Zügen. Der Schlussstein von St. Kassian scheint in seinen grundsätzlichen Merkmalen den Figuren vom Rupertusaltar (Heinrich und Kunigunde) im Dom (um 1320) zwar verwandt, gehört meines Erachtens insgesamt aber eher zu den schwer einzuordnenden Sonderbildwerken jener Zeit in Regensburg.

Fassungen

Der Schlussstein einschließlich der sechs Anschlussstellen für die Rippen wurde aus einem Stück Kalkstein gearbeitet. Bearbeitungsspuren am Relief und Steinmetzzeichen wurden nicht festgestellt, die Rippenansätze sind hingegen mit dem 6-spitzigen Zahneisen bearbeitet worden. War bei der Auffindung zunächst vermutet worden, dass der Stein noch die Erstfassung zeigt, so konnten durch die durchgeführten Untersuchungen der Planungsgruppe HBS gleich mehrere mittelalterliche und frühneuzeitliche Fassungen festgestellt werden.[22]

22 Zum Folgenden siehe Befundbericht der Planungsgruppe für Historische Bausubstanz, bearb. von Hartmann, Brigitte/Hollemann, Bernhard, Regensburg, Pfarrkirche St. Kassian, Schlussstein, ehem. Chorgewölbe, Spolie, Bericht 2012, einschließlich naturwissenschaftlicher Analysen durch das Labor Osswald, Kaufbeuren, Bamberg (unveröffentlicht; ein Exemplar beim Bayerischen Landesamt für Denkmalpflege).

Ganz offensichtlich wurde der Stein roh eingebaut und erst in einem zweiten – vielleicht zeitlich durchaus späteren – Schritt farbig gefasst, denn die Erstfassung liegt auf Schadbereichen auf, die vermutlich durch die Einbausituation auf dem Leergerüst entstanden sind.

Insgesamt konnten drei polychrome Fassungen festgestellt werden sowie bis zu maximal vier monochrome Fassungen. Die drei polychromen Fassungen datieren ins Mittelalter, die monochromen (Teil-) Überfassungen in die Zeit von Renaissance und Barock. Aufgrund der Anbringhöhe des Schlusssteins erfolgte eine Neufassung immer nur im Kontext einer Kirchenmaßnahme, nie als eine isolierte Einzelmaßnahme. Sie setzt eine Einrüstung des Chores voraus.

Erstfassung: Über einer zweilagigen ockerfarbigen Grundierung und anschließender partieller Vergoldung wurde eine kräftig akzentuierte und hochwertige polychrome Fassung angelegt (kühler Inkarnatton mit akzentuierten Wangen, roter Gewandton mit Hämatit oder Rotlack, der blaue Rücklagenton und der Buchdeckel mit Azurit, reiche Binnengliederung mit schwarz konturierten Lidstrichen und Pupillen). Der Rand des Schlusssteins war als Nimbus ausgeführt, mit aufgesetzten Apostelkreuzen und dazwischenliegenden Schmuckpunktierungen. Die Rippen waren mit einem hellen Ocker hinterlegt. Die Erstfassung des Steins bildete für die beiden nachfolgenden Überarbeitungen in spätmittelalterlicher Zeit die Leitschicht.

Zweitfassung: Während die Farbanlage des Reliefs lediglich in Teilbereichen aufgefrischt wurde (helleres Rot), erfuhren die Rippenansätze eine Neufassung, die auf eine veränderte Raumschalenfassung schließen lässt. Die Rippen wurden über einer weißen Tünche in Hellgrau abgefasst. Vielleicht erfolgte diese Wiederholungsfassung im Rahmen der baulichen Erweiterung der Kirche nach Westen unter Dekan Hayden.

Drittfassung: Zahlreiche Mörtel- und Kalkspritzer, die Spuren auf dem Schlussstein hinterlassen haben, sprechen für eine offenbar sehr zügig durchgeführte Renovierungsmaßnahme. Die teilweise verschnittenen Pigmente werden vom Restaurator als Indiz für eine nunmehrige Geringschätzung des Schlusssteins gedeutet. Aufgrund des beibehaltenen Farbspektrums scheint mir eine Datierung Anfang des 16. Jahrhunderts plausibel.

Es scheint möglich, dass eine weitere Fassung, mit einem bleizinngelbartigen Pigment und einem sehr körnigen Blau, als *vierte polychrome Fassung* anzusprechen ist.

Monochrome Fassungen: Die Einordnung dieser Fassungen ist aufgrund der Fassungsverluste nur noch bedingt möglich. Die Farbwerte der Architektur waren nun deutlich dunkler (Rippenansätze mit Resten eines warmen, dünnen Hellgrau, Rahmenteil in Graugrün, Außenkante in Olivgrün), der Schlussstein stand dazu in einer monochromen weißen Fassung.

Die für die vierte und die rezenten monochromen Fassungen befundeten Farbwerte lassen große Ähnlichkeiten mit der Farbigkeit des Regensburger Doms in der Barockzeit erkennen. Die Farbigkeit der 1630er-Jahre wird von Kunsthistorikern mit dem »gelben Dom«, für die Zeit um 1700 mit dem »grauen Dom« klassifiziert.[23] Eine Zuordnung der gelben Fassung des Schlusssteins von St. Kassian in die Renovierungsphase der Kirche 1603/1604 wie auch der oliv-ockerfarbigen Fassung in die Zeit der Renovierung 1679/1680 muss aber spekulativ bleiben. Auffällig ist auf jeden Fall der vollzogenen Bruch zwischen den polychromen Fassungen der Gotik und den monochromen Fassungen der Renaissance und des Barock.

23 Fuchs, Friedrich: Der Dom St. Peter in Regensburg, Regensburg 2010, 222.

Michael Schmidt

Leinbergers »Schöne Maria« in St. Kassian

Anmerkungen zu einem ungelösten Problem

Über kein anderes Kunstwerk der St. Kassianskirche wurde so viel geforscht und publiziert wie über die Leinberger-Madonna im Typus der Schönen Maria im südlichen Nebenchor (Abb. 1).[1] Das Thema scheint erschöpfend behandelt. Und dennoch bleibt es dabei: Die Wissenschaft tut sich schwer mit dieser Schönen Maria. Dies gilt gleichermaßen für die betroffenen Disziplinen der Religions- und Geschichtswissenschaft, der Kunstgeschichte sowie der Volkskunde.

Die 95 cm hohe Figur war das Kultbild der 1747 neu installierten Wallfahrt zur Schönen Maria in der Stiftspfarrkirche St. Kassian und bildete als solches den Mittelpunkt des barocken Gnadenaltars. Diese Sekundärwallfahrt knüpfte an die in unmittelbarer Nachbarschaft der St. Kassianskirche befindliche ursprüngliche Wallfahrt zur Schönen Maria in der heutigen Neupfarrkirche aus dem ersten Drittel des 16. Jahrhunderts an. Nachdem die Neupfarrkirche im Jahr 1542 den Konfessionswechsel vollzogen hatte, habe sich das Andachtsbild durch eine wundersame Reise, die es durch verschiedene Kirchen der Stadt Regensburg und von Stadtamhof führte, des protestantischen Zugriffs und damit seiner Zerstörung entzogen. Die legendarische Reise und Überwinterung des Kultbildes erinnert an den Einfluss zeitgenössischer Loreto-Wallfahrten: Über die Neupfarrkirche, die Loreto-Kapelle am Augustiner-Chorherrenstift St. Mang, sei die Schöne Maria schließlich in die Minoritenkirche St. Salvator gelangt, wo sie 1724 im Rahmen einer *»Kirchen Reparation an einer Säule«*[2] als das einstige Gnadenbild wiederentdeckt und am Kassianstag, dem 13. August, des Jahres 1747 erstmals in St. Kassian wieder aufgestellt worden sei: Der Beginn der Sekundärwallfahrt zur Schönen Maria. Im Deckenbildzyklus des südlichen

Südschiff, Blick zum Altar

1 Zu dem Thema unter anderem (in chronologischer Reihenfolge) Stahl, Gerlinde: Die Wallfahrt zur Schönen Maria in Regensburg, in: Beiträge zur Geschichte des Bistums Regensburg 2 (1968), 35–282; Hubel, Achim: Die »Schöne Maria« von Regensburg. Wallfahrten – Gnadenbilder – Ikonographie, in: Mai, Paul (Hg.): 850 Jahre Kollegiatstift St. Johann in Regensburg 1127–1977, München/Zürich 1977, 199–239; Decker, Bernhard: Das Ende des mittelalterlichen Kultbildes und die Plastik Hans Leinbergers (Bamberger Studien zur Kunstgeschichte und Denkmalpflege, 3), Bamberg 1985, v.a. 250–290; Hubel, Achim: Die Schöne Maria von Regensburg. Überlegungen zu den bildlichen Darstellungen und zum Ort der Wallfahrt, in: Paulus, Helmut-Eberhard/Reidel, Hermann/Winkler, Paul W. (Hg.): Regensburg im Lichte seines geschichtlichen Selbstverständnisses (Kunst – Geschichte – Denkmalpflege. Beiträge des Regensburger Herbstsymposions zur Kunstgeschichte und Denkmalpflege, 3), Regensburg 1997, 85–100, wieder abgedruckt in: Fink, Alexandra/Hartleitner-Wenig, Christiane/Reiche, Jens (Hg.): Achim Hubel. Kunstgeschichte und Denkmalpflege. Ausgewählte Aufsätze. Festgabe zum 60. Geburtstag, Petersberg 2005, 200–214; Hensel, Thomas: Das Gnadenbild der Alten Kapelle und die »Schöne Maria« von Regensburg – Zur Frage der Identität, in: Bayerisches Landesamt für Denkmalpflege (Hg.): Alte Kapelle Regensburg (Arbeitshefte des Bayerischen Landesamtes für Denkmalpflege, 114), München 2001, 111–116; Niehoff, Franz: »Schöne Maria«, in: Niehoff, Franz (Hg.): Um Leinberger. Schüler und Zeitgenossen (Katalog zur Ausstellung der Museen der Stadt Landshut in der Spitalkirche Heiliggeist vom 21. Oktober 2006 bis zum 11. März 2007; Schriften aus den Museen der Stadt Landshut, 22), Landshut 2007, 126–127.

2 Paricius, Johann Carl: Allerneueste und bewährte Nachricht von allen in denen Ring-Mauern der Stadt Regensburg gelegenen Reichs-Stifftern, Haupt-Kirchen und Clöstern catholischer Religion, Regensburg 1753, 485; Walderdorff, Hugo Graf von, Regensburg in seiner Vergangenheit und Gegenwart, Regensburg 1896, 271. Möglich scheint, dass es sich bei der hier aufgedeckten Marienfigur an einem Pfeiler des Langhauses der Minoritenkirche um eine gemalte Darstellung der Schönen Maria gehandelt hat. Gemalte Madonnen an Pfeilern spätgotischer Kirchen gab es wiederholt, etwa auch in der Stadtpfarrkirche St. Jakob in Straubing (bez. 1584).

Abb. 2: Stiftspfarrkirche St. Kassian, Deckengemälde im südlichen Seitenschiff »Übertragung des Gnadenbildes der Schönen Maria« nach St. Kassian, Gottfried Bernhard Göz 1758

Seitenschiffes von St. Kassian wird die Wiederentdeckung der Figur als Beginn der Sekundär-Wallfahrt gefeiert (Abb. 2): »*ABSCONDITA MDXLII – NOVITER EXPOSITA MDCCXLVII* (»Verborgen 1521 – Von Neuem aufgestellt 1747«). Seit Anfang des 19. Jahrhunderts ist auch die sekundäre Wallfahrt zur Schönen Maria in der Kirche St. Kassian erloschen. Im Zuge der Neuordnung der liturgischen Orte und der Restaurierung gelangte 1863/64 die Figur der Schönen Maria auf den Altar des südlichen Nebenchores. Die Figur wurde erstmals 1928 dem Oeuvre des Landshuter Bildschnitzers Hans Leinberger zugeschrieben.

Leinbergers Schöne Maria aus St. Kassian wird um 1519/20 datiert. Andere, ältere Forschungsmeinungen, die aus stilistischen Gründen für eine Datierung der Leinberger-Madonna aus St. Kassian um 1510 plädierten, sind mittlerweile in den Hintergrund getreten, wenngleich in der Diskussion Zwischentöne zu vernehmen sind: »Gleichwohl verharrt diese Lukasmadonna in der Ausgestaltungsdichte der typischen Merkmale mit Fransenstruktur sowie Zierbuchstaben auf den Armbordüren der Pänula, dem Stern auf der rechten Brust, aber ohne Inschrift auf der Kapuzenborte auf eher verhaltener Prägnanzstufe.«[3]

Die Forschung ist sich mit Blick auf den Holzschnitt Michael Ostendorfers (um 1519/20) von der Wallfahrt zur Schönen Maria darin einig, dass im kultischen Mittelpunkt der Primärwallfahrt zur Schönen Maria die auf einer Säule vor der provisorischen hölzernen Kapelle befindliche überlebensgroße

Abb. 1: Stiftspfarrkirche St. Kassian, Holzfigur der Schönen Maria, Hans Leinberger

3 Niehoff (wie Anm. 1), 126. Zur Frage der (Früh-)Datierung siehe Decker (wie Anm. 1), 280.

Abb. 3: Wallfahrt zur Schönen Maria, Holzschnitt von Michael Ostendorfer, 1519/20

Steinmadonna stand (Abb. 3). Die Säulen-Madonna des Dombaumeisters Erhard Heydenreich war kult- und damit wallfahrtskonstituierend.[4] Diesem Säulendenkmal, und nicht dem Tafelgemälde im Inneren der Kapelle, galt die ekstatische Verehrung. Der Ostendorfer-Holzschnitt von 1519/20 belegt, dass zumindest in der Anfangszeit der Wallfahrt in der Kapelle ein Tafelbild der Schönen Maria gezeigt wurde, wobei die Forschungsmeinung schwankt, ob es sich hierbei um das Halbbild der ikonengleichen Schönen Madonna aus der Alten Kapelle (heute dort in der Gnadenkapelle) vom Ende des 13. Jahrhunderts handelte oder um die renaissancezeitliche Repetition durch Albrecht Altdorfer (Gemälde heute in St. Johann). Die Steinfigur wurde nach Einführung der Reformation zum protestantischen Inbegriff der *»Abgötterei«* und dann auch auf Befehl der Stadt am 14. Juni 1543 zerstört.[5] Dennoch scheint die Erinnerung an das einstige Andachtsbild der Schönen Maria nie ganz erloschen zu sein, denn auch die Kaiser Maximilian II. und Ferdinand II. wünschten vergeblich bei ihren Regensburg-Besuchen die Figur der Schönen Maria zu sehen.[6]

Sowohl die ursprüngliche Wallfahrt zu *»Vnser lieben frawen, der schonen Marie newen Capellen«* als auch die sekundäre Wallfahrt zur Schönen Maria in St. Kassian befanden sich in der pastoralen Zuständigkeit des Kollegiatstifts Unserer Lieben Frau zur Alten Kapelle und der Stiftspfarrkirche St. Kassian.[7] Zur Ausstattung der Kapelle steuerte das Stift der Alten Kapelle folgerichtig mit bei. Archivalisch belegt ist die Figur des hl. Sebastian 1519/20, den das Kollegiatstift beim Landshuter Bildschnitzer Hans Leinberger in Auftrag gab.[8]

Angesichts des Hypes um die Wallfahrt der Schönen Maria am Neupfarrplatz gab die Stadt Regensburg (nicht das Kollegiatstift zur Alten Kapelle) bereits im Jahr 1519 gleich bei mehreren Künst-

4 Decker (wie Anm. 1), 178.
5 Ebd.
6 Ebd., 180.
7 Lill, Georg: Hans Leinberger. Der Bildschnitzer von Landshut. Welt und Umwelt des Künstlers, München 1942, S. 310, Beleg XXVIII.
8 Lill (wie Anm. 7), 310, Beleg XXVIII.
9 In der ersten Hälfte des 17. Jahrhunderts untersagte das Kollegiatstift der Alten Kapelle das Kopieren des auf dem Choraltar in der Alten Kapelle aufgestellten Lukasbildes, siehe Klein, Holger A.: Zwischen maniera greca und maniera italiana. Das Gnadenbild der Alten Kapelle und seine

Abb. 4: Der Altar der Schönen Maria, Holzschnitt von Albrecht Altdorfer, um 1520/21

Abb. 5: Albrecht Altdorfer, Farbholzschnitt der Schönen Maria, um 1519

lern Nachbildungen der Schönen Maria in Auftrag, um die hohe Nachfrage nach Kopien des Andachtsbildes zu befriedigen, darunter eben auch bei Hans Leinberger in Landshut.[9] Der als Vermittler eingeschaltete Landshuter Goldschmied Adrian Littich wusste am 12. November 1519 als Antwort Leinbergers auf den reichsstädtischen Auftrag zu vermelden: *»Wen es will sy nit eillen lassen, wer er wils fleistig machen damit das dem mariäsbilt geleich wirt.«*[10] Die aktuelle Forschung sieht in dieser Korrespondenz den Schlüssel zur Klärung der Herkunft der Schönen Maria aus St. Kassian: »Nach ausführlicher Forschungsdiskussion spricht vieles dafür, in der Madonna aus St. Kassian dieses 1519 angemahnte Werk Leinbergers zu erkennen.«[11]

Leinberger war gemäß der Textstelle angehalten, die Treue zum Original zu wahren. Nur welches *»mariäsbildt«* Leinberger als Leitbild diente, bleibt unklar. Eine Mehrheit der Forschung glaubt in der Schönen Maria aus St. Kassian eine skulpturale Übersetzung des halbfigurigen Tafelbildes der Schönen Maria, entweder des Ausgangsgemäldes aus dem späten 13. Jahrhundert aus der Gnadenkapelle der Alten Kapelle oder der Nachfertigung Albrecht Altdorfers zu erkennen. Danach war es Leinbergers Aufgabe, das Tafelbild ins Dreidimensionale zu übersetzen. Möglicherweise steht dieser Auftrag mit dem Projekt eines neuen Hochaltares für die Wallfahrtskirche zur Schönen Maria in Zusammenhang, von dessen Gestaltung wir mittels eines Holzschnitts von Albrecht Altdorfer (um 1520/21) Kenntnis haben (Abb. 4). Leinbergers Schöne Maria aus St. Kassian wurde vielfach als Mittelfigur für diesen Hochaltar – ungeachtet ihrer bescheidenen Größe – in Anspruch genommen.[12]

künstlerischen Vorbilder, in: Bayerisches Landesamt für Denkmalpflege (Hg.): Alte Kapelle Regensburg (Arbeitshefte des Bayerischen Landesamtes für Denkmalpflege, 114), München 2001, 93–110, hier 98.

10 Niehoff (wie Anm. 1), 126.

11 Ebd.

12 Hubel 1997/2005 (wie Anm. 1), 212. Anders Bauer, Karl: Regensburg. Kunst-, Kultur- und Alltagsgeschichte, Regenstauf [6]2014, 839, der vermutet, die Madonna aus St. Kassian hätte das neue Gnadenbild werden sollen, lässt dabei aber unberücksichtigt, dass dieses mit der Steinmadonna auf der Säule bereits definiert und kultisch etabliert war.

Eine mögliche Antwort auf die Frage nach dem Leitbild für Leinbergers Auftragswerk hält der Ostendorfer-Holzschnitt bereit. Bei diesem Holzschnitt handelt es sich um ein sogenanntes Propagandablatt, das die Wallfahrt zur Schönen Maria befördern helfen sollte. Die Ansicht vereint kaleidoskopartig gleich drei Varianten der Schönen Maria: Neben dem Tafelbild im Inneren und der Steinmadonna auf dem Vorplatz der Kapelle präsentiert Ostendorfer mit der Schönen Maria auf der Wallfahrtsfahne am Glockenturm der Kapelle einen weiteren Madonnentypus. Die emblemartige Darstellung gibt eine Marienfigur mit Jesuskind wieder, die in allen gestalterischen und ikonographischen Details mit der Leinberger-Madonna aus St. Kassian übereinstimmt. Wenn die Madonna auf der Wallfahrtsfahne mit den gekreuzten Regensburger Stadtschlüsseln tatsächlich mit der Schönen Maria aus St. Kassian identisch sein sollte, hätte dies weitreichende Folgen: Denn die bei Adrian Littich im November 1519 angemahnte Leinberger-Madonna müsste als bildliche Vorlage für die Madonna der Fahne vermutlich ausscheiden, denn zum Zeitpunkt des Drucks des Blattes war sie noch gar nicht in Regensburg eingetroffen und war vor Ort noch gar nicht bekannt. Selbiges gilt für den Farbholzschnitt der »Schönen Maria« von Albrecht Altdorfer um 1519, der einschließlich des Vogels als Attribut mit der Madonna aus St. Kassian übereinstimmt (Abb. 5), also gleichfalls die Leinberger-Figur voraussetzt.

Daher sei die Frage aufgeworfen, inwieweit es sich bei der Leinberger-Madonna aus St. Kassian nicht vielmehr um den künstlerischen und ikonographischen Prototypen aus der Zeit um 1510 und damit um das Leitbild aller folgenden skulpturalen Ausformungen des Sujets der Schönen Maria handelt. Sie wäre dann das inhaltliche Vorbild auch für Erhard Heydenreichs Steinmadonna gewesen, der gemäß Totenbuch Mitglied der St. Kassianspfarrei war[13] und die Leinberger Skulptur vielleicht bereits 1516, sicher aber vor 1519 (Ostendorfer-Holzschnitt als terminus ante quem), frei in das Medium Stein übersetzt hat.[14] Die auffälligen Formunterschiede zwischen der Figur von St. Kassian und der Steinmadonna wären im Sinne der Neuinstrumentierung und Monumentalisierung zum Zwecke eines Wallfahrtskultes zu erklären.

Dass es dann Leinberger war, der im Herbst 1519 von der Stadt Regensburg zur faktischen Kopie aufgefordert wurde, ist unter Umständen auch der Urheberschaft an seinem Bildwerk geschuldet, das er ursprünglich für die St. Kassianskirche im Auftrag des Kollegiatstifts der Alten Kapelle geschaffen hatte. (Dass zu dieser Zeit die Frage der Urheberschaft sehr wohl bereits eine Rolle spielte, zeigt der urheberrechtliche Prozess im Jahr 1506 zwischen Albrecht Dürer und Marcantonio Raimondi um die Verwertungs- und Kopienrechte von Holzschnitten und die Verwendung der Künstlersignatur.) Leinberger sollte m. E. weder die Tafelbilder noch die Madonna von Heydenreich zum Vorbild nehmen, sondern sein eigenes, wenig älteres Werk. Diese neue Madonna, deren Lieferung im November 1519 von der Stadt Regensburg angemahnt wurde, war vielleicht tatsächlich als Mittelpunkt des neuen Hochaltares für die monumentale Zentralkirche Hiebers auf dem Neupfarrplatz ausersehen. Eine derartige überlebensgroße Madonnenfigur passt auch in den Werkkontext Leinbergers in dieser Zeit (Hochaltar von St. Kastulus in Moosburg 1514, Rosenkranzmadonna aus St. Martin in Landshut, um 1516–18). Ihr Verlust in den Wirren der Reformationszeit wäre umso mehr zu bedauern.

Bisher in der Forschung völlig unbekannt war, dass noch um 1700 in der Stiftspfarrkirche St. Kassian eine Schöne Madonna vorhanden war – zu einer Zeit also, die vor der Installation der Sekundärwallfahrt zur Schönen Maria in der St. Kassianskirche im Jahre 1747 lag. In einer Kirchenbeschreibung des Chores von St. Kassian aus der Zeit um 1700 (möglicher Entstehungszeitraum dieser Aufstellung:

13 Anonym [Mettenleitner, Dominikus]: Mittheilungen über die Stifts-Pfarrkirche St. Cassian in Regensburg, Regensburg 1864, 28.

14 Jahreszahl u. a. bei Hubel 1997/2005 (wie Anm. 1), 205.

15 Nadler, Stefan/John, Sabine: Kath. Stiftspfarrkirche St. Kassian in Regensburg. Dokumentation zur Bau-, Ausstattungs- und Restaurierungsgeschichte. Erstellt im Auftrag des Kollegiatstifts zur Alten Kapelle in Regensburg, München 2015 (unveröffentlicht; ein Exemplar beim Bayerischen Landesamt für Denkmalpflege), 72.

16 Zitiert nach Nadler (wie Anm. 15), 72. Siehe auch Trapp, Eugen: St. Kassian in Regensburg. Anmerkungen zur mittelalterlichen Bau- und Ausstattungsgeschichte, in: Beiträge zur Geschichte des Bistums Regensburg 34 (2000), 147–170, hier 164.

17 Dazu Schmidt, Michael: Der Schlussstein des hl. Kassian – deponiert und wieder geborgen. Ein ungewöhnli-

zweite Hälfte des 17. Jahrhunderts bis Anfang des 18. Jahrhunderts) wird die Schöne Maria an erster Stelle erwähnt:

> *»Verzeichnus derer alten Altären, wie auch anderer Merckwürdigkeiten, so in der uralten St. Cassian Kirch anzutreffen*
>
> *in altari Summo*
>
> *ist in der Mitte ein schönes Mariae Bild, die schöne Maria genannt, in der Höhe ein geschnütztes St. Cassian Bild, deme auch die Kirche und der Hoch-Altar eingeweyhet ist. In denen 4 Flügeln wird sein Heiliges Leyden vorgestellet. Ruckwerts ist in medio Salvator mundi zu sehen mit der Unterschrift: homo judicatus, denuo judex. (...)«.*[15]

Die Textstelle irritiert gleich in mehrfacher Hinsicht: Auf den ersten Blick scheint es sich hier um die Beschreibung des Kassiansaltares zu handeln. Tatsächlich aber werden hier drei Sachverhalte miteinander kombiniert:

1. Es wird eine Figur der Schönen Maria genannt. Dabei scheint es sich um eine vom Marienaltar (Liebfrauenaltar) unabhängige Figur zu handeln. Nach Ausweis einer vom Stiftskapitel 1512 ausgestellten Urkunde befand sich der 1506 fundierte Liebfrauenaltar an der Südseite, im Mittelpunkt dieses Altars laut des erwähnten Verzeichnisses ein *»schönes Mariae Bild auf dem Mond stehend«*.[16]
2. Das *»geschnützte Bild des hl. Kassian in der Höhe«* meint den Gewölbe-Schlussstein des hl. Kassian.[17]
3. Der Kassiansaltar. Als Jahreszahl für den Altar wird gemeinhin nach der Überlieferung bei Andreas Niedermayer das Jahr 1498 angenommen.[18] Eine Ansicht des Altares ist in einem Kupferstich bei Josef Resch aus der Mitte des 18. Jahrhunderts überliefert (Trapp, Abb. 4, S. 19). Mittelpunkt des Retabels ist die Patronatsfigur. Der Altar wurde im Zuge der barocken Umgestaltung 1749–1760 zerlegt, wobei die reliefierten Altarflügel im Chorraum gezeigt, die Sitzfigur des hl. Kassian hingegen auf den Dachboden verbracht wurden. Bei der Restaurierung 1863/64 wurde der Altar nach dem Vorbild des Kupferstiches von Resch wiederhergestellt.

Die künstlerische Provenienz des Kassiansaltares weist, wie Eugen Trapp bereits an anderer Stelle bemerkte, ins Niederbayerische.[19] Tatsächlich gibt es deutliche stilistische Übereinstimmungen zur Figur des hl. Wolfgang vom Hochaltar der Stifts- und Wallfahrtskirche St. Wolfgang bei Haag i. Obb. (1484/90), ferner zu den spätgotischen Altären von Maria Laach am Jauerling in Niederösterreich sowie in der Landshuter Umgebung von Gelbersdorf, Heiligenstadt oder Jenkofen, für die jeweils eine Landshuter Werkstatt in Anspruch genommen wird.[20] Inwieweit es sich hierbei um die Werkstatt des Heinrich Helmschrot handelt, sei dahingestellt. Tatsächlich gibt es beim Kassiansaltar einen topographischen Fingerzeig in diese Richtung: So erinnert die Stadtlandschaft beim Relief der Gefangennahme des hl. Kassian an die Westansicht der Stadt Landshut mit dem Münchner Tor im Vorder- und der Burg Trausnitz mit dem markanten Wittelsbacher Turm im Bildhintergrund (Abb. 6). Trifft diese Annahme zu, dann hätte der vermutete Landshuter Künstler (vielleicht Helmschrot) seine eigene Lebenswirklichkeit in dem Relief verarbeitet und damit eine indirekte Signatur für die angenommene künstlerische

cher Skulpturenfund aus der Stiftspfarrkirche St. Kassian, in: Denkmalpflege in Regensburg 12 (2011), 51–60; auch den Beitrag von Schmidt, Michael, »Der Schlussstein des hl. Kassian und die Baugeschichte der Stiftspfarrkirche um 1300«, in diesem Sammelband.

18 Zum St. Kassiansaltar siehe Niedermayer, Andreas: Künstler und Kunstwerke der Stadt Regensburg, Landshut 1857, 183; Trapp (wie Anm. 16), 159–162.

19 Trapp (wie Anm. 16), 162. Stilistische Bezüge zu einer Regensburger Werkstatt, wie zuletzt von Altmann, Lothar: Das Kollegiatstift und seine Pfarrkirche Sankt Kassian, in: Schiedermair, Werner (Hg.): Die Alte Kapelle in Regensburg, Regensburg 2002, 101–107, hier 103, vermutet, sehe ich nicht.

20 Zur Gruppe Landshuter Flügelaltäre siehe Ramisch, Hans: Die gotischen Flügelaltäre in Niederbayern zur Zeit der Reichen Herzöge, in: Niehoff, Franz (Hg.): Vor Leinberger. Landshuter Skulptur im Zeitalter der Reichen Herzöge

Abb. 6: Stiftspfarrkirche St. Kassian, Kassians-Altar, Relief »Gefangennahme des hl. Kassian«, um 1498

Abb. 7: Maria-Läng-Kapelle, Schöne Maria, um 1675

Provenienz Landshut hinterlassen. Denkbar, dass mit dem Kassiansaltar erstmals ein Kontakt des Kollegstifts der Alten Kapelle mit einer Landshuter Bildschnitzer-Werkstatt zustande kam, der dann einige Jahre später mit den Arbeiten Hans Leinbergers für das Stift eine direkte Fortsetzung gefunden hat.

Bleibt die Frage nach der im *»Verzeichnus«* beschriebenen Schönen Maria: Bisher nicht beachtet wurde die von Joseph Schmid publizierte Nachricht, dass 1512 an den Chorfenstern der St. Kassianskirche Restaurierungsarbeiten stattfanden.[21] Möglicherweise standen diese Arbeiten, die einer veränderten Lichtregie im Chorraum Rechnung getragen haben könnten, mit der Neuaufstellung der noch im Inventar-Verzeichnis erwähnten Figur der Schönen Maria in Zusammenhang.

Über das Aussehen und den Verbleib dieser Skulptur haben wir keine Kenntnisse. Gerne möchte man an die Kontinuität mit der in St. Kassian befindlichen Marienfigur Hans Leinbergers vom südlichen Nebenchor denken. Denn nur so wäre es auch zu erklären, dass trotz der postulierten »Abwesenheit« der Schönen Maria (zwischen ihrem Verschwinden 1543 und ihrer Wiederentdeckung 1724 in St. Salvator) diese zum Vorbild für die Schöne Maria in der Maria-Läng-Kapelle von Regensburg (um 1675/78) werden konnte. Auch sie folgt (ungeachtet gestalterischer Vereinfachungen) in Gestus und Ikonographie (mit dem Vogel als Attribut) dem Vorbild der Leinberger-Madonna aus St. Kassian, kombiniert nunmehr mit dem Motiv der Mondsichel (Abb. 7).

Das zitierte *»Verzeichnus«* aus der Zeit »um 1700« würde dann exakt die drei auch heute noch in der Kirche St. Kassian befindlichen Ausstattungsstücke des mittelalterlichen Inventars benennen.

1393–1503, Bd. 1 (Katalog zur Ausstellung der Museen der Stadt Landshut in der Spitalkirche Heiliggeist vom 23. Juni bis 28. Oktober 2001; Schriften aus den Museen der Stadt Landshut, 10), Landshut 2001, 59–113, hier 82–93.

21 Die Arbeiten in Höhe von 25 fl. betrafen die Chorfenster und das Dach, siehe Mettenleitner (wie Anm. 13), 28; Nadler (wie Anm. 15), 82.

Martin Kellhuber · Claus Peter

Die Glocken der Stiftspfarrkirche St. Kassian

Bei der Renovierung des Turmes von St. Kassian erregte eine bis dahin wenig beachtete, aber sehr wertvolle Glocke die Aufmerksamkeit. Auf dem über dem Westgiebel des Kirchenschiffes aufgesetzten Dachreiter fand sich neben einer neueren Glocke aus den 1960er-Jahren eine sogenannte Zuckerhutglocke, die zu den ältesten Glocken Regensburgs zählt. Ihre Entstehungszeit dürfte in der Mitte des 13. Jahrhunderts oder sogar etwas früher liegen. Die größere Glocke (Nominal c^2) wurde 1960 zum Eucharistischen Weltkongress von Georg Hofweber aus Regensburg gegossen. Sie trägt folgende Inschriften in Großbuchstaben:

Auf dem Wolm:
ST. KASSIAN BITTE FÜR UNS (darüber ein Relief des hl. Kassian)

An der Schulter:
G. HOFWEBER REGENSBURG GOSS MICH IM JAHRE DES EUCHARISTISCHEN WELTKONGRESSES 1960

Die Terz (es^2 +1) dieser Glocke harmonierte zwar leidlich mit dem Unterton (es^2 -1) der vorhandenen Zuckerhutglocke, gab aber durch eine völlig andere Rippe eine nicht zur alten Glocke passende Klangfarbe von sich. Sie wurde im Zuge der Umbaumaßnahmen vom Stiftskapitel für eine neu errichtete Kapelle in Rumänien zur Verfügung gestellt.

Vorgängerglocken

Im 2. Weltkrieg wurden laut Empfangsbescheinigung zwei A-Glocken[1] (19/53/443 bzw. 19/53/444) abgeliefert. Die größere stammt laut Mitteilung des Stiftspfarramtes St. Kassian[2] aus dem Jahr 1927 (Hamm/Regensburg) mit der Inschrift: *Hl. Cassian, bitte für uns!*

Die kleinere trug keine Inschrift, jedoch ein Bildnis der Muttergottes. Laut Vermerk wurde sie »*im Weltkrieg … belassen*« (wahrscheinlich 1. Weltkrieg). Nach dem Meldebogen vom 6. Mai 1940 betrugen die Durchmesser 800 und 650 mm, was auf eine Tonhöhe von ebenfalls c^2 und es^2 schließen lässt.

1 Klassifizierung von Glocken durch den Ministerrat für Reichsverteidigung, Mitteilung des Ordinariats von 15.04.1940, aus den Glockenunterlagen von St. Marien, Sulzbach Rosenberg. A-Glocken (sofort verhüttet), B- und C- Glocken (vorerst bzw. länger in Sammellagern zurückgestellt), D-Glocken waren wegen ihres besonderen Wertes von der Ablieferung befreit.

2 Archiv des Stifts zur Alten Kapelle, Glockenakte.

Heutiger Bestand im Turm von St. Kassian

Von den beiden jetzt vorhandenen Glocken stand die größere (jetzt als Glocke I bezeichnet) bis vor kurzem im Dachboden des Chores der Alten Kapelle, zu deren Geläute sie seit langem – wahrscheinlich aber nicht ursprünglich – gehörte, worauf das Wort HEYBORT in der Inschrift hindeutet.

Bei der anderen jetzt im Turm hängenden zuckerhutförmigen Glocke II handelt es sich wahrscheinlich um jene im Kunstdenkmälerinventar[3] für die Alte Kapelle verzeichnete, einst im Dachreiter auf dem Chor hängende »frühmittelalterliche« Glocke. Dafür spricht vor allem, dass der Durchmesser der jetzt in St. Kassian hängenden Zuckerhutglocke fast genau mit dem der im Kunstdenkmälerinventar verzeichneten Dachreiterglocke der Alten Kapelle übereinstimmt. So könnte diese Glocke nach Vernichtung der beiden neueren Glocken von St. Kassian dorthin gebracht worden sein.

Beide Glocken, die seit 2013 von einem platzsparenden Linearantrieb in Schwingung gebracht werden, hängen in einem Bockstrebenstuhl mit zwei Feldern und Queraussteifung unterhalb der Glocken. Für Glocke II wurde das alte Joch wieder verwendet, Glocke I bekam ein neues Joch aus Eichenholz.

GLOCKENDATEN	GLOCKE I	GLOCKE II
Gussjahr	Mitte 13. Jh.	Ende 13. Jh.
Gießer	unbekannt	unbekannt
Kennziffer 1942	D-Glocke	nicht klassifiziert
Gewicht	~150 kg	~100 kg
Durchmesser	515 mm	498 mm
Schlagringstärke	59 mm	57 mm
Schräge Höhe	485 mm	448 mm
Höhe o. Krone	508 mm	440 mm

KLANGANALYSE:[4]	GLOCKE I	GLOCKE II
Nominal	d^3	es^3
Unterton	d^2 +1	es^2 -1
Prim (-vertreter)	a^2 -1	h^2 -5
Terz	f^3 +6	ges^3 -1
Quinte	h^3 +2	c^4 -2

Bezugston: a1 = 435 Hz; Abweichungen in 16-tel Halbtönen

Äußere Gestaltung der beiden Glocken

Glocke I ist in ihrer Form bereits der späteren gotischen Rippe angenähert, ist jedoch sehr steil und wirkt im Verlauf der Rippenkurve etwas unbeholfen. Die Krone besteht aus sechs schmucklosen Henkeln mit rundem Querschnitt und einer Mittelöse, die Kronenplatte ist leicht gewölbt, mit Gussrand von der abfallenden, mit zwei wellenartigen Wulsten profilierten Haube. Die Haube ist sehr schmal und zeigt zur Schulter hin eine scharfe Rundung.

An Schulter und Flanke findet man fünf Stege, modelliert aus Schnüren, deren kräftiges Seilstabprofil sehr sauber im Guss herausgekommen ist. Das gleiche gilt für die ebenso geformten Buchstaben der umlaufenden Kapitalis-Inschrift, die in zwei Zeilen im – von oben – zweiten und vierten Band angeordnet ist. Die beiden anderen Bänder (erstes und drittes) sind leer.

3 Die Kunstdenkmäler von Bayern, Oberpfalz XII, Stadt Regensburg II, München 1933, 38 f.

4 Digitale Analyse vom 31.05.2011 (Martin Kellhuber).

Abb. 1: Im Vordergrund Glocke I mit neuem Joch und Linearantrieb

AVE . MARIA . GRA(TIA) . PLENA .
D(OMI)N(V)S . TECV[M] . HEYBORT .

Worttrennung durch Punkte in Zeilenmitte.
Im Wort GRA(TIA) Kürzungsstrich (nicht zu verwechseln mit einem Deckstrich) über dem A, der bei den anderen »A« fehlt.
Im Wort D(OMI)N(V)S steht das N seitenverkehrt, das D ist als einziger Buchstabe der Inschrift unzial ausgeführt.
Im Wort TECV[M] fehlt das Kürzungszeichen.
Der Wolm ist mit zwei wulstartigen Stegen verziert, am unteren Rand finden sich zwei ebensolche jedoch flachere Stege.

Abb. 2: Außenansicht mit Dachreiter

Glocke II zeigt sich als zuckerhutförmige Glocke mit weit ausladendem Schlagring und ohne Inschriften. Die Krone besteht aus sechs steil stehenden Henkeln mit rundem Querschnitt und einer Mittelöse. Die Kronenplatte ist fast flach und mit einem Gussrand von der nur sehr schmalen Haube abgesetzt, die mit schmaler Rundung in die Schulter übergeht. Als Verzierungen findet man am Wolm zwei wulstige Stege, gegen die Schärfe zwei weitere, allerdings schwächer als am Wolm, der untere Rand verläuft von der Schärfe an nach innen flach.

Klangcharakteristik und musikalische Bewertung

Als »Nominale« (= Namenston, früher Schlagton) und somit als »Haupttöne« der beiden Glocken ergeben sich für das menschliche Ohr die beiden Untertöne d und es. Eine endgültige Festlegung gestaltet sich schwierig, ist aber auch nicht weiter von Bedeutung, da vor allem der Klangcharakter der beiden Glocken überzeugt.

Beide Glocken entlassen wegen der extrem schweren Rippen einen sehr fülligen und gleichzeitig silbrig hellen Klang, der durch den Klangaufbau mit stark abgesenktem Primvertreter vor allem bei Glocke I eine besonders reizvolle Färbung gewinnt. Die zwischen Untertönen (d und es) und Terzen (f und ges) der beiden Glocken liegenden Halbtöne ergeben eine außergewöhnliche Klangmischung, zudem sind beide Glocken auch sehr gut einzeln verwendbar.

Beide Glocken wurden instandgesetzt. Die Kosten dafür und für den neuen Linearantrieb hat dankenswerterweise der Rotary Club Regensburg übernommen. So ist aus sehr alten Glocken ein klanglich einzigartiges Ensemble neu entstanden. Glocken dieser Art findet man nicht mehr viele, schon gar nicht im Läutebetrieb, sondern oft in musealer Verwahrung ohne die Möglichkeit der klanglichen Entfaltung. Die Regensburger »Glockenlandschaft« ist damit nicht um eine laute oder gar auffallende, sondern eine sehr individuelle und anrührende Klangfarbe reicher geworden.

Michael Schmidt

Die Beinhauskapelle von St. Kassian

Ein unbekanntes Werk von Matthäus Roritzer

Der auf der Südseite des Langhauses der Stiftskirche und Basilika zu Unserer Lieben Frau zur Alten Kapelle gelegene Innenhof diente vom späten 15. Jahrhundert bis zu Beginn des 19. Jahrhunderts als Friedhof der St. Kassianspfarrei (Abb. 1). Nach Norden wird der Hof durch die Stiftskirche, nach Osten durch den Kreuzgang des Kollegiatstifts, nach Südosten durch die Neue Dechantei, ein Eckbau im Kern von 1860 mit Jugendstilfassade von 1909, und nach Süden durch die ehemalige Beinhauskapelle des Friedhofs aus spätgotischer Zeit begrenzt. Zur Kapellengasse und Drei-Kronen-Gasse wird das Grundstück beidseits eines Rundbogenportals durch eine mit Blendarkaden geschmückte übermannshohe Mauer (Entwurf von Karl Frank, Regensburg, 1905) eingefriedet.

Die im Jahr 1477 erstmals urkundlich erwähnte Kapelle steht in Zusammenhang mit der baulichen Erweiterung der Stiftspfarrkirche St. Kassian in der zweiten Hälfte des 15. Jahrhunderts unter Dekan Johann Hayden (Abb. 2–4).[1] Nach vorherrschender Meinung war die Stiftspfarrkirche nach Norden, Süden und Westen von einem Friedhof umgeben, so dass im Zuge der Vergrößerung und Verlängerung der St. Kassianskirche ein neuer Gemeindefriedhof ausgewiesen werden musste.[2] Inwieweit diese Annahme zutreffend ist, darf mit Blick auf die archäologischen Erkenntnisse mittlerweile infrage gestellt werden. Als Bestattungsfläche ist nämlich nur der Bereich nördlich der Kirche von St. Kassian zweifelsfrei nachgewiesen.[3] In den Quellen ist lediglich von einem *»Garten«* die Rede, der zur Verlängerung der Kirche zur Verfügung gestellt wurde.[4]

Nachdem um die Stiftspfarrkirche offensichtlich kein geeignetes Grundstück zur Verfügung stand, verlegte man den Gemeindefriedhof direkt an das Kollegiatstift Unserer Lieben Frau zur Alten Kapelle. Dabei knüpfte man an Bestattungstraditionen an. So lag die im Pfarreienverzeichnis von 1326 erwähnte *»Capella super Charnerium«* im Bereich der südlich des Chores gelegenen Sakristei.[5] Die Reste dieser doppelgeschossigen und zu Beginn des 19. Jahrhunderts abgebrochenen Karnerkapelle, die dem hl. Michael geweiht war, wurden 1993 archäologisch untersucht.[6] Als Bestattungsorte für kirchliche und politische Eliten dienten dem Kollegiatstift ferner die Markus- (auch Zant-Kapelle genannt) sowie die Jakobskapelle (heute Gnadenkapelle der Alten Kapelle). Bestattungen in diesen Kapellen waren an die Zustimmung des Stiftdekans geknüpft.[7] Die Jakobskapelle hatte die sepulkrale Funktion bis zur

1 Die Kapelle, bezeichnet als Friedhof-, Beinhaus- oder Totenkapelle ist erwähnt (in chronologischer Reihenfolge): Die Kunstdenkmäler der Stadt Regensburg, Bd. 2: Die Kirchen der Stadt, bearb. von Mader, Felix (Die Kunstdenkmäler von Bayern; Die Kunstdenkmäler der Oberpfalz, 22), München 1933, 57f.; Lill, Georg, Die Stiftskirche Unserer Lieben Frau zur Alten Kapelle in Regensburg (Schnell, Kunstführer, 415/416), München 1940, 10; Dehio, Georg: Handbuch der Deutschen Kunstdenkmäler, Bayern V: Regensburg und die Oberpfalz, bearb. von Drexler, Jolanda/Hubel, Achim, München/Berlin 1991, 474; Borgmeyer, Anke/Hubel, Achim/Tillmann, Andreas/Wellnhofer, Angelika (Bearb.): Stadt Regensburg. Ensembles – Baudenkmäler – Archäologische Denkmäler (Denkmäler in Bayern, III.37), Regensburg 1997, 192; Hoernes, Martin: Die mittelalterlichen Kapellenbauten an der Stiftskirche zur Alten Kapelle. Beziehungen zwischen Stift und Stadt, in: Schiedermair, Werner (Hg.): Die Alte Kapelle in Regensburg, Regensburg 2002, 124–134, hier 134.

2 Schmid, Joseph: Die Geschichte des Kollegiatstiftes U. L. Frau zur Alten Kapelle in Regensburg, Regensburg 1922, 72, 256, 308.

3 Siehe dazu Beitrag von Silvia Codreanu-Windauer in diesem Sammelband.

4 Gemeiner, Carl Theodor: Regensburgische Chronik 3, Regensburg 1821, 543.

5 Dazu Hoernes (wie Anm. 1).

6 Ebd., 133.

7 Schmid (wie Anm. 2), 72.

Umwidmung in die Gnadenkapelle 1693 inne.[8] Noch heute dokumentiert das Tafelgemälde »Christus im Grab« von Hans Mielich (dat. 1544) im südseitigen Tympanon des romanischen Säulenportals zur Stiftskirche die ursprüngliche Zweckbestimmung der Kapelle. Im Jahr 1481 wurde die Kapelle ausweislich einer Bauinschrift an einem Strebepfeiler nach Süden im Zuge der Neuorganisation des vorderen Friedhofs an der Alten Kapelle baulich verändert (wohl Einzug eines Gewölbes). Im späten 16. Jahrhundert erfolgte die Aufstockung der Kapelle mit Errichtung des Kapitelsaals des Kollegiatstifts im Obergeschoss der Gnadenkapelle.

Das Kollegiatstift der Alten Kapelle verfügte neben dem seit alters her bestehenden Friedhof im Chorbereich (*»Freithof hinter dem Chor«*), seit 1477 nunmehr auch über den *»Freythoff vorn«*.[9] Die intensive Belegungsdichte des ehem. Friedhofs ist nunmehr auch durch eine archäologische Sondierungsgrabung von 2013 dokumentiert. Danach herrscht nur eine geringe Überdeckung des ursprünglichen Belegungshorizontes vor, so dass bereits bei einer geringen Eingriffstiefe ab durchschnittlich ca. -0,7 m der Friedhofshorizont erreicht wird, teilweise auch deutlich geringer.[10] Nach 1810 wurde der Friedhof aufgrund geänderter Hygienebestimmungen aufgelassen, Bestattungen nun vor die Stadt, auf den »Gottesacker vor dem Peterstor«, verlegt.

Das Patrozinium der spätgotischen Beinhauskapelle wird allgemein mit Allerseelen angegeben.[11] Dekan Johann Hayden stiftete an allen Samstagen (mit drei Ausnahmen) zur neuen Totenkapelle eine Prozession (*»post Salve vel aliam Antiphoniam per sacellum omnium animarum et coemeterium«*).[12] Die Kapelle des St. Kassiansfriedhofs ist über einem verzogenen, unregelmäßigen sechseckigen Grundriss errichtet. Es gibt gewichtige bauhistorische Befunde, die dafür sprechen, dass der spätgotische Bau Teile eines Vorgängerbaus, der sich ursprünglich nach Südosten über die heutige Bauflucht hinaus erstreckt hat und noch im Mittelalter aufgestockt worden war, integrierte.[13] Die Architektur zeigt ein nicht zuletzt in statischer Hinsicht reduziertes Bauprinzip, was letztlich auch ursächlich für die bereits seit längerem bestehenden statisch-konstruktiven Probleme der Kapelle war. So sollte der Gewölbeschub lediglich durch zwei absatzlose Strebepfeiler abgefangen werden, von denen der nördliche noch die spätgotische Bauzier mit Blendfeldern und krabbenbesetztem, wimpergartigem Giebel aufweist. Die Grundrissfigur ist dabei wohl nicht nur dem Grundstückszuschnitt geschuldet, sondern verweist unter Umständen auch auf die über zwei Jahrhunderte ältere frühgotische Zant-Kapelle am St. Katharinenspital Stadtamhof über hexagonalem Grundriss und ist hierin eine Reverenz an die Stiftertradition der Familie Zant, die dem Kollegiatstift stets eng verbunden war. Mit zwei großen, weit gespannten und reich profilierten Stichbogen war die Beinhaus- oder Totenkapelle bauzeitlich zum Friedhof hin geöffnet. Im 19. Jahrhundert, spätestens aber bei der Maßnahme 1906, wurden diese Öffnungen geschlossen, in die östliche wohl anstelle einer steinernen Kniebank über einer Treppenstufe eine Brüstung aufgemauert und ein Fenster eingefügt, in die westliche ein Tor eingebaut. Die Oberfläche der verwendeten Holzelemente aus Nadelholz wurde mit einer Eichenmaserierung versehen. Im Zusammenhang mit dieser Redaktion entstand auch der aktuelle Ziegelfußboden. In der feinen spätgotischen Profilierung der Fenster will man mitunter einen inhaltlichen Rückverweis auf die Architektur der

Abb. 1: Alte Kapelle, Südlicher Innenhof

8 Hoernes (wie Anm. 1), 129ff.

9 Schmid (wie Anm. 2), 72.

10 Siehe Bericht Zuber, Stephanie: Alte Kapelle Innenhof VU-2013. Archäologische Voruntersuchung 2013, Regensburg 2014 (unveröffentlicht; ein Exemplar beim Bayerischen Landesamt für Denkmalpflege).

11 Siehe Kunstdenkmäler Regensburg (wie Anm. 1), 57.

12 Quellenstelle bei Schmid (wie Anm. 2), 72, der diese allerdings wie seine nachfolgenden Ausführungen zur Restaurierungs- und nachsäkularen Nutzungsgeschichte nach 1810 (u.a. als eine Art Bauhütte) auf die Michaelskapelle bezieht.

13 Zur Bauforschung siehe Lüpnitz, Maren: Friedhofskapelle von St. Kassian in Regensburg. Bauanalytisches Aufmaß vom 27.5.–1.6.2013 und Bericht vom 12.6.2013, Köln 2013, 3 (unveröffentlicht; ein Exemplar beim Bayerischen Landesamt für Denkmalpflege).

Abb. 2: Beinhauskapelle, Hoffassade vor der Sanierung

Abb. 3: Hoffassade nach Abschluss der Sanierung

Stiftspfarrkirche St. Kassian erkennen.[14] An den Schmalseiten des Stichbogens ist je ein Weihwasserbecken integriert. Das Gewölbe mit Birnstabrippen ruht auf Wanddiensten, es setzt sich aus einem Sterngewölbe in der einen Raumhälfte und einem Dreistrahlgewölbe in der anderen Raumhälfte zusammen (Abb. 5). Die Kombination von Dreistrahl- und Sterngewölben war in der Spätgotik ein probates Mittel, um asymmetrische Räume wie etwa Chorumgänge zu wölben.[15] Die beiden mit Wappenmotiven geschmückten Schlusssteine in Tartschenform wurden im Zuge der Renovierung 1906 neu bemalt. Das auffällige Wappen mit verschiedenen Schmiedewerkzeugen sowie dem Augsburger Stadt- und dem bayerischen Wappen ist wohl auf den Dekan zu Zeiten der Restaurierung 1906, Dr. Joseph Schmid (geboren in der Diözese Augsburg), zu beziehen. Ein reich gegliedertes Dachgesims leitet zum Dach über und ließe darüber eigentlich eine anspruchsvolle Dachausbildung erwarten. Möglicherweise fiel eine derartige späteren Reparaturarbeiten zum Opfer.

Wie die anderen Kapellen der beiden Friedhöfe an der Alten Kapelle wurde die Beinhauskapelle zu Beginn des 19. Jahrhunderts profaniert. Die letzte Renovierung des Baus, ausgeführt in Anlehnung an die Kunst des Regensburger Domvikars Georg Dengler, erfolgte im Zusammenhang mit der Erneuerung der Einfriedungsmauer durch den Architekten Karl Frank im Jahr 1906. Die Raumschale wurde ornamental in polychromer Manier und mit Vergoldungen aufwändig gestaltet. 1944/45 erlitt die Kapelle Kriegsschäden, die nach dem Zweiten Weltkrieg nach Augenzeugenberichten mit einem damals neu aufgeschlagenen Dach und einer Blechdeckung notdürftig repariert wurden. Zuletzt wurde die Kapelle als Streugutlager und Depot genutzt.

Im Inneren der ehem. Kapelle befinden sich aus der Zeit der Friedhofsnutzung spätgotische Epitaphe, z. B. das des Hans Pareuter von 1482, sowie zwei qualitätvolle Epitaphe der Renaissance aus der Zeit um 1520. Die drei Epitaphe wurden vermutlich 1906 aus dekorativen Gründen in die Kapelle verbracht. Von besonderem kunstgeschichtlichem Interesse ist die vorhandene Kleinplastik einer weiblichen Figur mit auffälliger Gewanddrapierung (in freier Aufstellung), ursprünglich wohl eine Assistenzfigur aus einem unbekannten Kontext (Abb. 6).

In wissenschaftlicher Hinsicht wurde der Bau bislang recht nachrangig behandelt. So wird er zwar in den einschlägigen Handbüchern und Denkmalinventaren erwähnt (Kunstdenkmälerband, Denkmaltopographie, Dehio-Handbuch), eine eingehende kunstwissenschaftliche und typologische Würdigung des Baus steht aber aus.[16]

Die Beinhauskapelle ist trotz aller eingreifenden Renovierungen ein herausragendes Zeugnis spätgotischer Steinmetzkunst: Der mit Blendmaßwerk geschmückte Strebepfeiler sowie die Gewölbefigur verweisen auf die Regensburger Dombauhütte der zweiten Hälfte des 15. Jahrhunderts. Die bauliche Gesamtanlage und die hohe Qualität der steinmetzmäßigen Arbeiten stimmen unmittelbar mit dem Chörlein der Kapitelsakristei am Eichstätter Dom (um 1473–1475) überein.[17] Dieser Bauteil, der an den wenig älteren Teil der Kapitelsakristei des Doms von Eichstätt als Zierarchitektur nach Osten anschließt, ist ein Werk von Meister *»Matheisen stainmetzen von Eystet«* und damit von niemand Geringeren als Matthäus Roritzer, der unmittelbar nach seinem Eichstätt-Aufenthalt nach Regensburg übersiedelte, dort im Jahr 1476 das Bürgerrecht annahm und nach dem Tod seines Vaters Konrad um 1477 das Amt des Regensburger Dombaumeisters antrat. Aufbau und Proportionierung des gezierten Strebepfeilers der Beinhauskapelle zeigen darüber hinaus Ähnlichkeiten mit dem Architekturtraktat »Büchlein von der Fialen Gerechtigkeit«, das als Widmungswerk des Eichstätter Bischofs Wilhelm von Reichenau von Matthäus Roritzer 1486 verfasst und verlegt wurde.

14 So Borgmeyer (wie Anm. 1), 192; Dehio (wie Anm. 1), 474.

15 Siehe Nußbaum, Norbert/Lepsky, Sabine: Das gotische Gewölbe. Eine Geschichte seiner Form und Konstruktion, Darmstadt 1999, 281.

16 Dazu siehe Anm. 1.

17 Zur Kapitelsakristei am Eichstätter Dom siehe Morsbach, Peter: Die Erbauer des Doms. Die Geschichte der Regensburger Dombaumeisterfamilie Roriczer-Engel (Schriftenreihe der Regensburger Domstiftung, Bd. 3), Regensburg 2009, 105–111.

Abb. 4: Beinhauskapelle, Gewölbe nach Abschluss der Sanierung

Abb. 5: Beinhauskapelle, Innenaufnahme nach Abschluss der Sanierung

Abb. 6: Beinhauskapelle, Weibliche Assistenzfigur

Die Verbindungen zwischen Regensburg und Eichstätt waren im letzten Drittel des 15. Jahrhunderts höchst vielfältig.[18] Der Kunstbetrieb profitierte nicht zuletzt von den bestehenden Kontakten von Kirchenverantwortlichen. Der Kanonikus und Propst an der Alten Kapelle Konrad Schenk von Schenkenstein († 1475) war beispielsweise auch Mitglied der Domkapitel von Augsburg und Eichstätt.[19] Über verwandtschaftliche Beziehungen ergab sich auch ein enger Austausch zwischen den Hüttenbetrieben an den Domen von Eichstätt und Regensburg.

Insbesondere im Bereich der Plastik hat dieser wechselseitige Austausch unverwechselbare Spuren hinterlassen und eine eigene Formensprache kreiert. Dazu zählen die charakteristische flächige Breitung des Gewandes und die Ausbildung keilförmiger Umrissfiguren.[20] Andreas Niedermayer hat diesen besonderen Faltenstil bereits zur Mitte des 19. Jahrhunderts am Beispiel des Epitaphs für Elisabeth Graner († 1491) in der Stiftspfarrkirche St. Kassian als *»eckig und unruhig«* beschrieben (Weinert, Abb. 7, S. 125).[21] Besonders deutlich zeigen sich die stilistischen Parallelen zwischen dem Graner-Epitaph in St. Kassian und dem Reichenau-Epitaph im Dom von Eichstätt. Dem gleichen Werkkontext wie das Epitaph Elisabeth Graner ist auch die kleinformatige weibliche Begleitfigur aus unbekanntem

18 Schmidt, Michael: Das Mortuarium am Eichstätter Dom. Eine architekturhistorische Untersuchung (Arbeiten zur Eichstätter Geschichte und Landeskunde, 1), Eichstätt 1996, 107–115, 152–155.

19 Huber, Markus T.: Die Westfassade des Regensburger Doms. Konvention und Innovation in einem spätmittelalterlichen Hüttenbetrieb (Schriftenreihe der Regensburger Domstiftung, Bd. 4), Regensburg 2014, 412, Anm. 1415.

20 Herzog, Erich: Spätgotische Plastik in Eichstätt, München 1947, v. a. 3–19; Krankenhagen, Heidrun: Studien zur spätgotischen Plastik in Regensburg, Freiburg i. Breisgau 1968, 56 f.; Schmidt (wie Anm. 18), 152–155.

21 Niedermayer, Andreas: Künstler und Kunstwerke der Stadt Regensburg, Landshut 1857, 183.

Abb. 7: Beinhauskapelle, Blick auf die Gewölbeschale während der Arbeiten

ikonographischem Zusammenhang in der Beinhauskapelle des St. Kassiansfriedhofs zuzuordnen oder die Epitaphe für Kanonikus Konrad Schenk von Schenkenstein in der Vorhalle der Stiftskirche Unserer Lieben Frau zur Alten Kapelle und im Domkreuzgang von Augsburg.[22] Das verstärkte Vorkommen dieser Stil- und Formensprache der Regensburg-Eichstätter-Gruppe im Bereich der Alten Kapelle unterstreicht indirekt die seinerzeit bestehenden engen Kontakte des Kollegiatstifts zur Dombauhütte im Allgemeinen und zur Familie Roritzer im Besonderen. Die Aufarbeitung der kunst- und architekturgeschichtlichen Verbindungen zwischen Regensburg und Eichstätt in der zweiten Hälfte des 15. Jahrhunderts bleibt ein wissenschaftliches Desiderat. Es steht zu erwarten, dass die Beinhauskapelle des St. Kassiansfriedhofs an der Alten Kapelle geeignet ist, die Bezüge in spätgotischer Architektur und Bauplastik zwischen Regensburg und Eichstätt näher zu beleuchten.

Die profanierte Kapelle zeigte sich zu Beginn der Voruntersuchungen 2012 in einem baulich akut gefährdeten Zustand.[23] Die Putze und historischen Architekturoberflächen im Inneren und teilweise an der Fassade waren nicht zuletzt durch die jahrzehntelange Nutzung als Streugutlager in einem desolaten Zustand. Gleichfalls in einem kritischen Zustand befanden sich die historischen Epitaphe im Inneren der Kapelle und an der Hofseite der westlichen Mauer entlang der Kapellengasse. Infolge eindringender Feuchte kam es zu umfangreichen Mauerwerksschäden im Bereich der Dachkonstruktion und der Mauerkrone. Die spätgotischen Rippen hatten sich in weiten Teilen gelöst; aufgehendes Mauerwerk, Gewölbe und Rippen zeigten statisch relevante Risse, insbesondere im Auflagerbereich von mehreren Zentimetern. Es bestand die akute Gefahr eines Versagens des Gewölbes (Abb. 7, 8). Die Instandsetzung des Bauwerks hing aufgrund des fortgeschrittenen Verfalls am sprichwörtlich seidenen

22 Siehe Kosel, Karl: Der Augsburger Domkreuzgang und seine Denkmäler, Sigmaringen 1991, 372–374.

23 Vgl. dazu Berichte und Fotos in der Ortsakte des Bayerischen Landesamtes für Denkmalpflege, Stadt Regensburg, Drei-Kronen-Gasse, Ehem. Beinhauskapelle sowie Arbeitsgemeinschaft Bengler, Michael/Turek, Peter:

Abb. 8: Beinhauskapelle, Baustellenaufnahme mit Notdach und Sicherungskonstruktion Gewölbe

Faden. Die Kapelle erwies sich offenbar durch die Jahrhunderte als stetiger Sanierungsfall, denn erste statische Probleme können aufgrund früher Putzausbesserungen bereits für die frühe Baugeschichte angenommen werden. Bauforscherisch nachzuweisen war die Erneuerung von zwei Gewölbekappen unter Wiederverwendung des spätmittelalterlichen Ziegelbestandes, die Errichtung einer innenseitigen Ziegelvorsatzschale und die Reparatur der Werksteinfassade zum Hof unter Wiederverwendung der spätgotischen Strebepfeiler, vermutlich im Zuge der Renovierung 1906.[24] Zur Gewährleistung der Arbeitssicherheit und zur Vermeidung weiterer Schäden wurden im Rahmen der vorbereitenden Untersuchung eine Gerüstplattform eingebaut und für die statisch-konstruktive Instandsetzung des Gewölbes ein mehrstufiges Konzept entwickelt (unter anderem radiale Stabilisierung durch Schlaudern und entkoppelt vom Dachtragwerk, Aktivierung durchgehend tragender Rippenbögen). Ein neues Dachwerk anstelle des Provisoriums aus der Zeit nach dem Zweiten Weltkrieg sorgt nunmehr für einen gestalterisch befriedigenden Abschluss der ehemaligen Kapelle.

Die Reste der hochwertigen Natursteinfassade zeigten infolge von Bewitterung und einer ungeklärten Ableitung des Regenwassers dringenden steinrestauratorischen Instandsetzungsbedarf (Abb. 8). Aus Gründen der Nachhaltigkeit sowie aus konservatorischen Erwägungen (so nicht zuletzt zum Schutz der Reste einer polychromen, wohl barockzeitlichen Fassadenfassung) entschied man sich analog der Lösung an der Fassade der Kapitelsakristei am Eichstätter Dom sowie des Passauer Doms für eine Schlämme auf Kalkbasis. Die bauzeitliche Raumschalenfassung zeigte über einem geglätteten Kalkputz an Mauerwerk und Gewölberippen eine erste weiße Kalkfassung als Rücklagenton; die Gewölberippen (ohne Begleitstrich) waren über einer weißen Grundierung mit einem halbtransparent

Regensburg Friedhofskapelle St. Kassian. Raumschale – Malerei – Holzelemente. Grundlagenermittlung 2012, Vorbereitung der Restaurierung, Regensburg 2012 (unveröffentlicht; ein Exemplar beim Bayerischen Landesamt für Denkmalpflege).

24 Zur Bauforschung siehe Lüpnitz (wie Anm. 13).

Abb. 9: Innenraum der Beinhauskapelle mit Vitrinen zur Ausstellung der Epitaphfragmente

aufgetragenen Ocker gefasst. Nachdem sich die Erstfassung der Rippen in hohem Maße erhalten hatte bzw. im Zuge einer früheren Instandsetzung bereits für die Rippen teilfreigelegt worden war, entschloss man sich zu einer Neufassung der Wand- und Gewölbeflächen in einem gebrochen weiß gehaltenen Neutralton und Integration der in fragmentarischem Zustand überlieferten bzw. teilfreigelegten bauzeitlichen Rippenfassung.

Die Kapelle dient nach der Instandsetzung als Lapidarium für die unter anderem bei der Sanierung und den archäologischen Grabungen der St. Kassianskirche entdeckten und geborgenen Architekturfragmente sowie einiger exemplarischer Epitaphe der einstigen Friedhofsnutzung aus dem Bereich der Alten Kapelle und des St. Kassiansfriedhofs. Die Fragmente werden in formschön gestalteten Vitrinen präsentiert (Abb. 9). Es steht zu erwarten, dass dieses spätgotische Kleinod nun wieder die ihm zustehende öffentliche Beachtung erfährt. Die Gesamtinstandsetzung der Kapelle, die 2013 abgeschlossen werden konnte, wurde unter anderem aus Mitteln des Entschädigungsfonds und des Bundesbeauftragten für Kultur und Medien gefördert. Gleichzeitig wurden der Innenhof neu gestaltet und die Garagen an der Ostseite des Hofes durch eine filigrane Carport-Konstruktion ersetzt.

Lydia Lehner

Die Außeninstandsetzung der Stiftspfarrkirche St. Kassian

Voruntersuchung und statische Sanierung

Im April 2007 wurden erste Voruntersuchungsmaßnahmen in die Wege geleitet und mit der Vermessung und der Erstellung der Bestandspläne eine Arbeitsgrundlage für Planer und Fachingenieure geschaffen. Freilegungsarbeiten im Dachstuhl und holztechnische Untersuchungen ergaben eine erhebliche Belastung mit PCB und Lindan, die bei der Ausführung der Zimmererarbeiten Arbeitsschutzmaßnahmen erforderten.

Um Schäden an Stuck und Gemälden feststellen zu können, wurde die Kirche innen komplett eingerüstet. Die Analyse der Rissekartierung in Decken und Wänden ließ auf Gründungsprobleme schließen, weshalb eine Grabung an drei statisch hochbelasteten Stützen veranlasst wurde.

Unter Leitung der Denkmalbehörde legten Archäologen die gotischen Säulenbasen in einer Tiefe von ca. 1,50 m unter Kirchenbodenniveau frei, um deren Gründungsbedingungen zu erkunden. Probebohrungen der Baugrundspezialisten ergaben eine völlig unzureichende Gründungssituation, die Auslöser für die gravierenden Rissebilder ist. Eine der Säulen mit einer Auflast von 250 t gründet auf einer Bruchsteinwand, die auf Kulturschutt ruht. Eine Baugrundverbesserung war hier unumgänglich, da laut Aussage der Fachleute ein äußerst bedenklicher Zustand und akuter Handlungsbedarf bestand. Im Jahr 2007/2008 fand die Gründungssanierung statt.

Außeninstandsetzung

Das umfangreiche Schadensbild bedingte ein statisch koordiniertes Vorgehen bei der Instandsetzung der historischen Bausubstanz. Im April 2009 wurde mit den Arbeiten der Außeninstandsetzung begonnen. Besonderes Augenmerk wurde auf den Schutz der vier Bäume an der Kirchennordseite gelegt und deshalb ein komplexer Verbau errichtet, der aber auch Baumpflegemaßnahmen durch das städtische Gartenamt erlaubt.

In der umfangreichen Dachsanierungsmaßnahme musste zuerst das Mittelschiff in Angriff genommen werden. Die 17 m hohen, freistehenden Mittelschiffwände bedurften zunächst der statischen Stabilisierung, weshalb in der ersten Dachebene ein Diagonalverband als Fußbodenbelag über die gesamte Fläche eingebaut wurde.

Erst im zweiten Schritt konnte mit der Sanierung des Hauptdaches begonnen werden. Die Sanierung sämtlicher Fußpunkte durch Austausch von morschen Schwellen, Anlaschung von Sparren und Ausrichtung der Dachflächen dauerte bis Ende des Jahres 2009. Pünktlich zum Wintereinbruch war das Mittelschiffdach wieder mit einer neuen Biberschwanzdeckung geschlossen.

Unmittelbar anschließend wurden die beiden Seitenschiffe in Angriff genommen, die Notdächer eingerichtet und alle Holzkonstruktionen überarbeitet und instand gesetzt. Parallel hierzu war nun die Sanierung des Turmes auf dem Hauptschiffdach möglich, so dass das Gerüst auf dem neuen Dach aufgebaut, das Fachwerk der Turmwände versteift, das Turmdach neu mit Kupfer gedeckt und alle Blechanschlüsse an die Dachflächen hergestellt werden konnten.

Parallel zu den Zimmererarbeiten wurden umfangreiche Verpress- und Vernadelungsarbeiten am Mauerwerk vorgenommen, die sich, bedingt durch die erforderlichen Vorarbeiten, über das gesamte Bauwerk und die gesamte Bauzeit erstreckten.

Ende des Jahres 2010 wurden auch die Seitenschiffe mit neuer Deckung, Rinnen und Blechanschlüssen fertiggestellt, so dass im März 2011 der Putz abgeschlagen und das Mauerwerk saniert werden konnte.

Das dritte Jahr der Sanierung konzentrierte sich auf die Fassaden, also Putzerneuerung, Instandsetzung der Kirchenfenster, Reinigung und Überarbeitung der Natursteinfassaden der Ostfassade und den Anstrich. Die Fensterreparatur erfolgte durch abschnittsweisen Ausbau der Verbleiungen und Verglasungen, in der Werkstatt wurden die Fenster repariert und kaputte Scheiben durch mundgeblasenes Echtantikglas ersetzt.

Die Lüftungsflügel wurden als Kippflügel erneuert, vor den Chorfenstern filigrane Fenstergitter angebracht, um den Hochaltar vor Beschädigungen durch Vandalismus zu schützen.

Die Natursteinflächen des Chorraums und der Apsiden wurden mit Berieselungstechnik behandelt, so dass statt der schwarzen Kruste nun wieder der helle Kalksteinton zum Vorschein kam. Ausbrüche und Schäden mussten ergänzt, alle Fugen freigelegt und neu ausgefugt werden. Entsprechend des ältesten vorgefundenen Befundes aus dem 19. Jahrhundert erhielten die Fassaden der Kirche St. Kassian einen körnigen Putz und eine zartgrüne Lasur auf heller, sandfarbener Grundierung, in der auch die Bänderungen, Lisenen und Fensterfaschen abgesetzt sind.

Die Restaurierung und Neufassung des aufwendig gestalteten Nordportals wurde zurückgestellt und war Teil der anschließenden Innenrenovierung.

Mitte November 2011 wurden die letzten Gerüste an St. Kassian abgebaut, so dass der Kassiansplatz zur Vorweihnachtszeit wieder uneingeschränkt nutzbar war.

Michael Feil

Die Inneninstandsetzung der Stiftspfarrkirche St. Kassian

Das Alter der Stiftspfarrkirche St. Kassian war zu Beginn der Voruntersuchungen 2010 augenscheinlich zu spüren. Seit der letzten Innenrenovierung in den 1950er-Jahren erfolgten im Wesentlichen keine Reparaturmaßnahmen im Innenraum, so dass sich über die Jahrzehnte eine hartnäckige Schmutz- und Staubschicht über Raumschale, Stuckaturen, die Malereien und die gesamte Ausstattung legte. Der geringe Tageslichteinfall verstärkte zudem die bedrückende Stimmung der Kirche. Wie umfassend und komplex sich das Schadensbild darstellte, sollten erst die folgenden Voruntersuchungen zeigen. Die breiten Risse, die durch die Wandbilder des Mittelschiffs verliefen, die bis zur Unkenntlichkeit verdunkelten Malereien, die zerstörten und abgefallenen Stuckteile und die gelockerten oder gebrochenen Bodenplatten waren für jeden Besucher der Kirche jedoch unübersehbar.

Nach der Verbesserung der Gründung der Kirche, einer umfassenden Reparatur des Dachtragwerks und einer Fassadenrenovierung sollte in einem zweiten Bauabschnitt der Innenraum mit seiner gesamten Ausstattung renoviert werden.

Ein Blick in die Renovierungsgeschichte von St. Kassian zeigt, dass oft ein schlechter Bauzustand – so beschreibt eine 1604 angebrachte Inschrifttafel den Vorzustand der Kirche als »*templum ruinosum*« – oder auch die Anpassung an den Zeitgeschmack große bauliche Veränderungen oder Umgestaltungen der Kirche auslösten. Aber spätestens Anfang des 20. Jahrhunderts bemühte man sich, den festlichen Raumeindruck des Rokokos wieder herzustellen oder zu erhalten. Die Maßnahmen 1907/08 und 1954/55 versuchten, der verlorenen originalen Raumschöpfung, natürlich beeinflusst durch gesellschaftliche Strömungen und subjektive Haltungen, möglichst gerecht zu werden. Mit bester Absicht wurden Materialien oder Methoden angewandt – wie ein Teeranstrich im sockelnahen Bereich 1863/64 oder ein »*umeinanderreiben mit Glaspapier*« an den Malereien 1907/08 – um Schäden möglichst dauerhaft zu beheben. Leider allzu oft zeigt sich Generationen später, dass ein behutsameres Vorgehen wirksamer gewesen wäre und dadurch Probleme hätten vermieden werden können.

Als Ziel der Inneninstandsetzung war 2010 vom Kollegiatstift der Alten Kapelle, den Vertretern der Denkmalpflege und der Diözese der Erhalt des überkommenen Bestands formuliert worden. Veränderungen an der noch immer prägenden barocken Umgestaltung 1749–1760 sollten weitgehend akzeptiert und Schäden behutsam repariert werden. Die Untersuchungen wurden in vier Fachbereiche – Raumschale mit Stuck und Malerei, gefasste Ausstattung, holzsichtige Ausstattung und Naturstein – unterteilt und von verschiedenen Restauratoren durchgeführt. In einem breit angelegten, intensiv geführten Diskussions- und Abwägungsprozess konnte ein differenziertes Restaurierungskonzept für den Innenraum und seine Ausstattung erarbeitet und ab 2012 umgesetzt werden.

Die Begleitung, Koordinierung und Abstimmung der restauratorischen Arbeiten war eine der Aufgaben als beauftragtes Architekturbüro. Parallel dazu wurden Vorschläge zur Neuordnung der Ausstattung erarbeitet. Ein weiterer Schwerpunkt war, die für die Nutzung als Kirche notwendigen Funktionsorte zu schaffen oder neu zu gestalten.

Für die neue liturgische Ausstattung nach den Vorgaben des II. Vatikanischen Konzils wurde ein Künstlerwettbewerb ausgelobt und die Umsetzung durch den Preisträger Franz Steinberger begleitet.

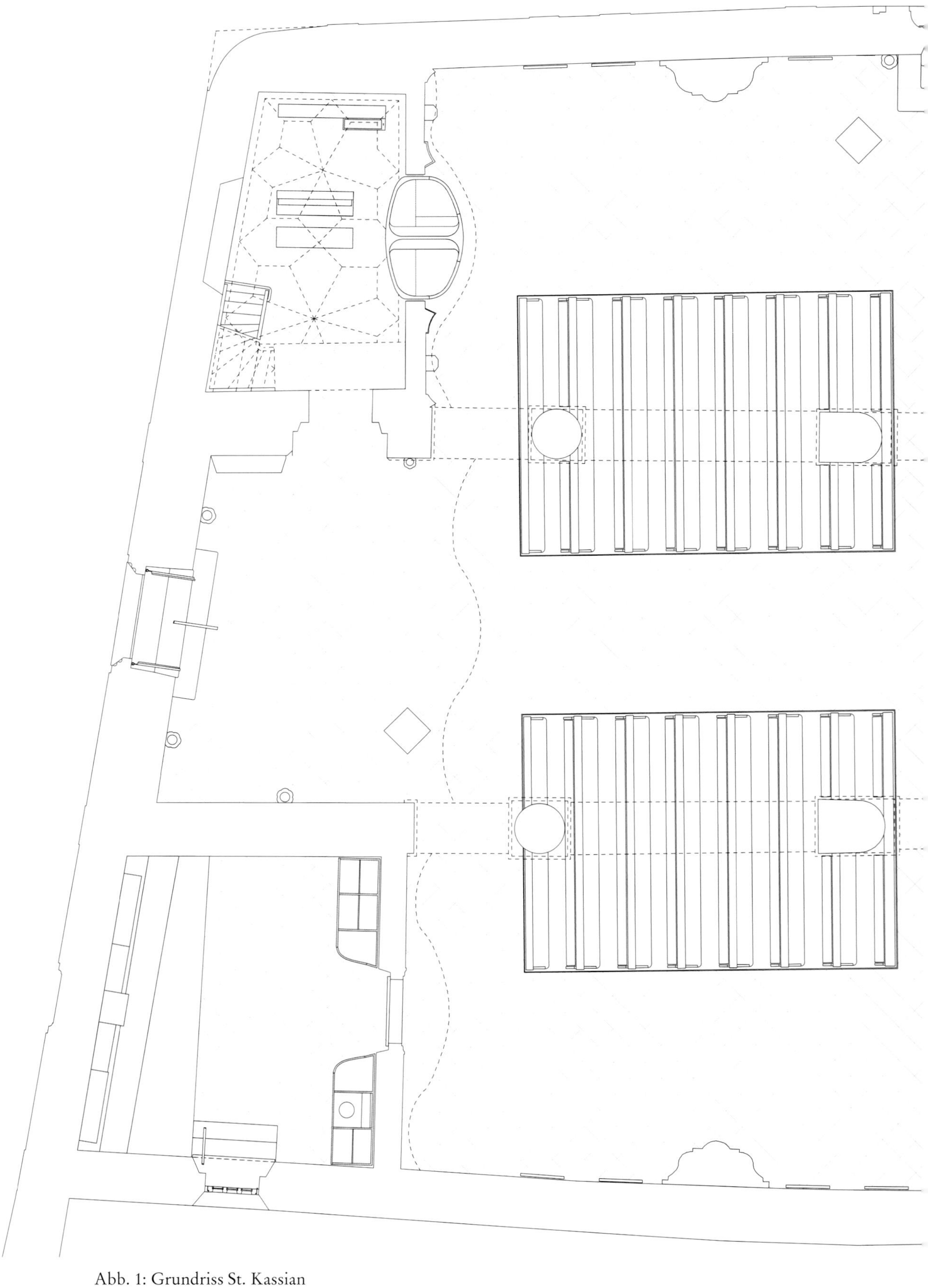

Abb. 1: Grundriss St. Kassian

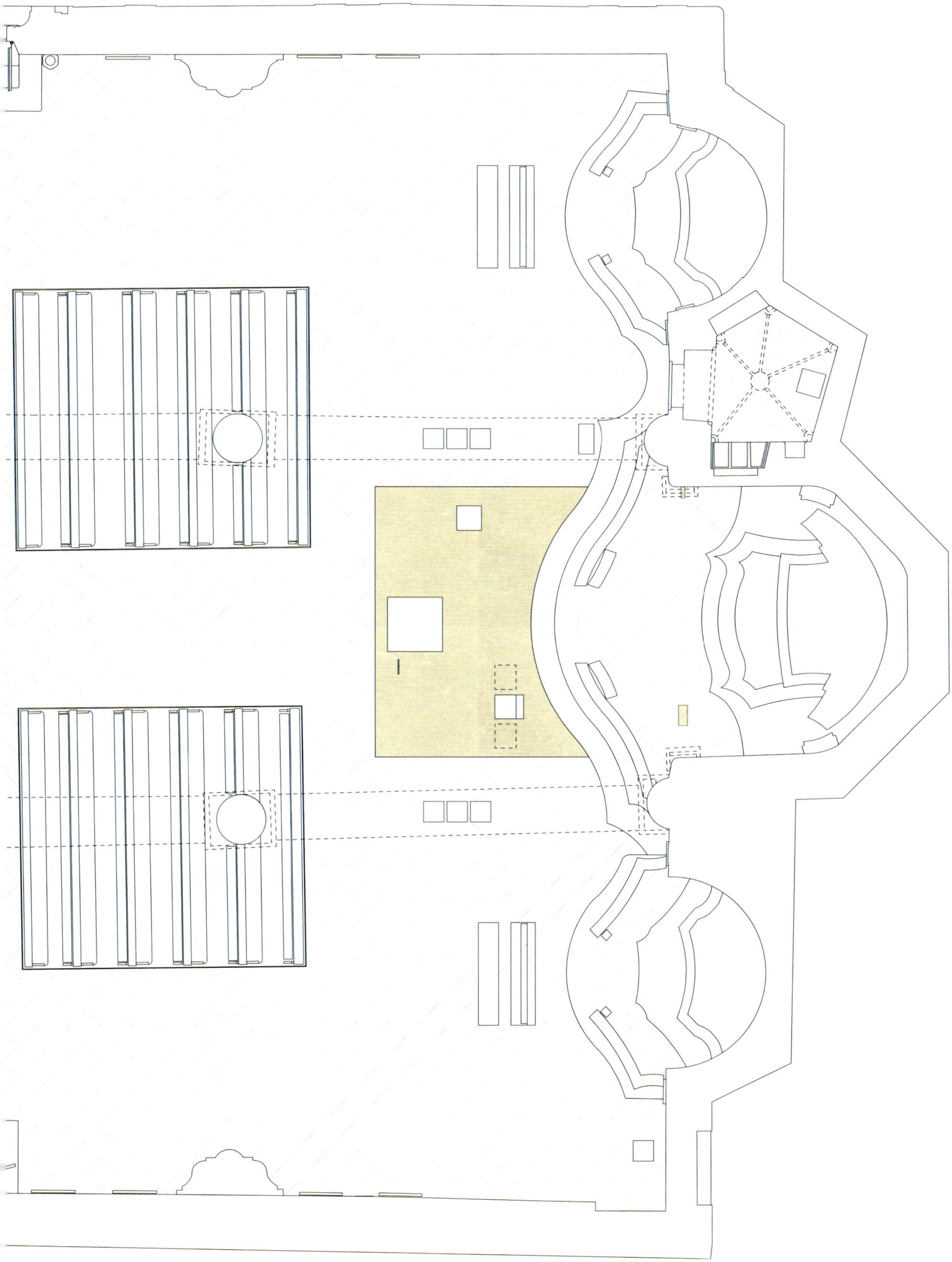

Abb. 2: Neuer Beichtstuhl

Das vielverehrte Andachtsbild der Fatimamadonna erhielt mit der vergoldeten Rückwand einen eigenen intimen Ort, der zur stillen Andacht einlädt.

Der im 19. Jahrhundert für den gotischen Kassiansschrein geschaffene Steinaltar wurde gegenüber des wiedergeöffneten Nordportals im Südschiff der Kirche aufgestellt, so dass der Kassiansaltar an zentraler Stelle einen neuen Platz fand. Mit der Wiederaufstellung aller vier erhaltenen barocken Beichtstühle und der Neuhängung der Kreuzwegstationen konnten damit die Seitenschiffe neu geordnet werden.

Ein neuer Beichtort, geeignet zur anonymen Beichte und für Beichtgespräche, füllt als eingestelltes Möbel den Durchgang zwischen Andachtsraum und dem nördlichen Seitenschiff. In seiner formalen Gestaltung nimmt der Beichtstuhl Bezug zur Architektur des Raumes, erscheint aber als eigenständiges Element. Durch die Ausführung in hell gebeiztem, feinjährigem Nadelholz tritt er bewusst gegenüber den dunkel getönten Holzoberflächen des historischen Gestühls und der Beichtstühle zurück.

Auch die Sakristei erforderte eine vollständige Neuordnung. Das erhaltene historische Sakristeimöbel wurde restauriert und bildet mit der wiederhergestellten Oberflächenfärbung den Blickpunkt des Raumes. Neue Paramentenschränke ergänzen die Möblierung. Weitere Räumlichkeiten konnten durch den Ersatzbau eines Nebengebäudes geschaffen werden, der über einen neuen Durchbruch von der Sakristei über einen Innenhof erschlossen wird. Die Anlage des Innenhofs wurde mit Staudenbeeten neu gestaltet, die auch als Blumenschmuck für die Kirche verwendet werden. Auch die »Kleine Sakristei« mit dem gotischen Rippengewölbe erhielt mit dem Einbau neuer Vitrinenschränke ihre Nutzung wieder zurück. In dem Raum wird das vorhandene wertvolle liturgische Gerät aufbewahrt und kann damit als Schatzkammer bei Kirchenführungen den Besuchern präsentiert werden.

Abb. 3: Neu gestalteter Andachtsraum

Abb. 4: Neu geschaffener Zugang zum Innenhof

Abb. 5: Detail der rekonstruierten Oberflächenfärbung des historischen Sakristeimöbels

Die umfassenden Maßnahmen stellen die Nutzung dieser vielbesuchten Innenstadtkirche über die nächsten Jahrzehnte sicher. Inwieweit die Restaurierung, die Wiedergewinnung eines einheitlichen Raumeindrucks und die erfolgten Veränderungen und Ergänzungen geglückt sind, wird jeder Kirchenbesucher selbst entscheiden.

Regelmäßig zeigt ein Blick in die Archivalien die Kritik an vorangegangenen Restaurierungen und eine positive Bewertung nach Abschluss der jeweiligen Gesamtinstandsetzung. Auch bei nachfolgenden Maßnahmen späterer Generationen wird der vorgefundene Zustand wieder bewertet werden und auch dann werden wieder Veränderungen erfolgen (müssen). Doch bleibt zu hoffen, dass das Bemühen aller Beteiligten und der Spagat zwischen Bewahren und Verändern bei den nun ausgeführten Arbeiten auch dann noch sichtbar sind.

Exemplarisch dafür kann die Gestaltung einer neuen Epitaphplatte zur Erinnerung an die jüngste Renovierung genannt werden. In Material, Format und Gestaltung reiht sie sich in die Tradition vorangegangener Gedenkplatten ein. Sie sollte jedoch keine Kopie der vergangenen sein. So wurde das umlaufende Ornament aus Trauben und Blättern der Bestandsplatten übernommen, jedoch als direkte Kopie im Strahlverfahren abstrahiert auf die Kalksteinplatten aufgebracht. Erst auf den zweiten Blick ist so ihre Entstehungszeit erkennbar.

Wir hoffen, dass Vieles der Inneninstandsetzung selbstverständlich wirkt, dass der Besucher trotz aller Verluste und Veränderungen den Kirchenraum als Einheit begreift und seine Besonderheit als gewachsenes und sich veränderndes Kunstwerk schätzt. Vor allem aber hoffen wir, dass St. Kassian weiter ein Ort des Gottesdienstes und der stillen Einkehr ist. Bleiben doch die erhaltenen Details, beispielsweise die ausgetretenen Steinstufen der Kircheneingänge oder die Spuren vieler Generationen am Kirchengestühl, sichtbare Zeichen und echtes Glaubenszeugnis.

Abb. 6: Neue Paramenteschränke in der Sakristei

Abb. 7: Neu gestalteter Innenhof und neu errichtetes Nebengebäude

Kirchenschiff mit Blick auf den Hochaltar vor und nach der Restaurierung

Claudia Salzberger

Die Restaurierung von Raumschale und Wandmalerei

Bestand

Die aktuelle, eher zurückhaltende Raumfassung stammt aus der letzten Restaurierung 1954/55. Die älteren Fassungen entfernte man im Vorfeld weitgehend. Der Auftrag der Farblasuren erfolgte in Kalkkaseintechnik, Blattgoldauflagen wurden eher sparsam eingesetzt. Fehlstellen im Stuck ergänzte man an vielen Stellen nicht plastisch, sondern malerisch. Das Farbkonzept mit den überwiegend rosa gefassten Stukkierungen und den ockergelben Bildrahmen orientierte sich in vereinfachter Form an Farbbefunden der Erstfassung. Diese war jedoch, im Gegensatz zur Istfassung, insgesamt differenzierter und nachweislich mit mehr ockergelben Anteilen und Goldakzenten versehen. Die relativ schlichte und kühle Wirkung der jetzigen Raumfassung passt sich jedoch sehr gut den stark überarbeiteten Wandbildern an, die nur noch in Teilbereichen den Duktus und die Farbwirkung des Barocks erkennen lassen. Lediglich bei den Deckenbildern des südlichen Seitenschiffes haben sich noch weite Bereiche der qualitätvollen Freskomalerei von Göz erhalten. Die Gemälde des nördlichen Seitenschiffs und des Mittelschiffs waren annähernd vollständig übermalt. Seit dem 19. Jahrhundert sind für Festigungs- und Ausbesserungsarbeiten verschiedenste Materialien zum Einsatz gekommen, nachweislich Leimtempera, Kalk-Kasein und Kalk-Kasein mit öligen Bestandteilen sowie Wasserglas. Mit ihrem inhomogenen Malereibestand verschiedener Restaurierungsphasen wirkten die Bilder matt, stumpf und kontrastarm, die Ablesbarkeit war eingeschränkt.

Erhaltungszustand/Schäden

Der Innenraum von St. Kassian vermittelte vor der Restaurierung aufgrund der dunklen Wandbilder, der insgesamt starken Oberflächenverschmutzung und des ohnehin geringen Lichteinfalls einen eher bedrückenden Eindruck. In den Sockelzonen waren Schäden in Form absandender Putz- und Stuckoberflächen, Ablösungen und Fehlstellen sowie Fassungsverluste und Fleckenbildungen zu erkennen. Im östlichen Teil des Mittelschiffs mit angrenzender Apsis reichten diese Schäden sogar bis in eine Höhe von fünf Metern, und betrafen damit auch die Wandbilder. Die Ursache hierfür lag in einer hohen Belastung bauschädlicher Salze. Die Belastung des Mauerwerks durch aufsteigende Feuchtigkeit ist hingegen gering, dies ist wohl auf eine nachhaltig positive Wirkung der Fundamentsanierungen 1982 und 2002 zurückzuführen. An Wänden und Decken zeichneten sich zahlreiche Risse ab, die bereits mit Kalkputz unter Niveau geschlossen waren, eine Maßnahme im Zuge der Verpressarbeiten der vorgezogenen statischen Gesamtsanierung. Der schlechte Erhaltungszustand großer Teile der Barockmalerei ist offensichtlich auf werktechnisch bedingte Mängel zurückzuführen. Eine frühzeitige oder mangelnde Abbindung des malereitragenden Putzes führte dazu, dass die Fresco-Bindung nur in einzelnen Bildabschnitten gelang. Die labileren Bereiche der Malerei waren folglich wenig widerstandsfähig. Reduzierungen wurden bei früheren Restaurierungen übermalt, teilweise wurden die Oberflächen vorher abgewaschen, gefestigt und sogar teilweise abgeschliffen. So kam es durch das Einbringen verschie-

Nächste Doppelseite:
Abb. 1: Mittelschiff mit Blick zum Hochaltar

densster Bindemittel im Lauf der Zeit zu einer immer stärkeren Verdichtung des Malschichtbestands auf der Putzoberfläche bei gleichzeitiger Einschränkung der Wasserdampfdiffusion. Diese Umstände bildeten einen idealen Nährboden für Mikroorganismen und damit eine zunehmende Zersetzung der organischen Bindemittel. Bei den Übermalungs- und Festigungsvorgängen erwies sich die Verwendung spannungsreicher Festigungsmittel wie Kasein als besonders problematisch. Die ohnehin schon gelockerte Anbindung der Malerei zur Trägerschicht wurde damit endgültig unterbrochen. Im Ergebnis führte das zu einem umfangreichen Abheben von teils zentimetergroßen Malschichtschollen, die in Form ganzer Malschichtpakete vom Träger abrissen und nur noch lose auf der Oberfläche hafteten. Als weiterer Faktor in der gesamten Schadensdynamik ist die Feuchtebelastung zu nennen. Infolge umfangreicher und langfristig einwirkender Wasserschäden konnten an den Deckenbildern Vergipsungen festgestellt werden. Darüber hinaus kam es neben gravierenden Malschichtverlusten zu flächigen Fleckenbildungen, die erst im Verlauf der Reinigungsarbeiten nach und nach in Erscheinung traten.

Konzept

Ziel der Restaurierung von Raumschale, Stuck und Wandmalereien war eine Bestandsbewahrung. Veränderungen früherer Restaurierungen sollten grundsätzlich akzeptiert werden. Die Raumschalenfassung der letzten Restaurierung 1955 war zu erhalten, fehlende Stukkierungen im Sichtbereich sollten ergänzt werden. Die Wandmalereien sollten ebenfalls in ihrem überlieferten Bestand konserviert werden. Für die problematische Festigung der teilweise spannungsreichen, abgelösten Malschichtschollen und Malschichtpakete, die wiederholt aufstanden, war ein mehrstufiges Verfahren nötig. Nur vereinzelt war geplant, gezielt besonders störende Retuschen und flächige Übermalungen abzunehmen. Diese Bereiche waren vorab gemeinsam von Denkmalbehörde und Fachbauleitung für alle Gemälde definiert worden. Eine größere Musterfläche im Mittelschiff bildete die Vorgabe für die Restaurierung. Die gereinigte und partiell farblich ergänzte Raumschalenfassung wurde einstimmig positiv bewertet, wohingegen die Musterbearbeitung am Gemälde unterschiedliche Reaktionen auslöste. Tendenziell wirkte der bearbeitete Bildausschnitt zwar gepflegter und ruhiger, die Reinigung führte jedoch nur zu einer unmerklichen Aufhellung, auch eine Steigerung der Tiefenwirkung und der hell-dunkel Kontraste war nur in sehr eingeschränktem Maß zu erzielen. Eine bessere Lesbarkeit der Darstellungen war somit nicht zu erwarten.

Diskussion

Über die Möglichkeit einer »Verbesserung« des Restaurierungsergebnisses durch eine Steigerung des Grads und Umfangs der abzunehmenden Übermalungen diskutierten alle Beteiligten sehr lebhaft und kontrovers. Man befürchtete, mit einer weitreichenderen Abnahme der dunklen Übermalungen die einzelnen Bilder auseinander zu restaurieren, da Erhaltungszustand und Bestand stark variierte, v.a. zwischen südlichem Seitenschiff, wo noch vergleichsweise viel Originalmalerei erhalten war, und den anderen beiden Schiffen. Es war auch klar, dass mit der Abnahme oder Reduzierung von Übermalungen ein hoher Retuschebedarf einhergeht, da vermutet wurde, dass der Originalbestand bei den meisten Bildern nur in reduzierter Form erhalten war.

Großflächige rekonstruierende malerische Ergänzungen oder interpretierende Retuschen waren jedoch nicht gewollt. Andererseits wurde erkannt, dass die Abnahme oder Dünnung der teilweise dickschichtigen Übermalungspakete aus konservativer Sicht von Vorteil wäre, da es trotz mehrmaliger Festigungszyklen unter Erprobung verschiedenster Festigungsmaterialien in den Musterbereichen nach einer gewissen Zeit wieder partiell zu Ablösungen gekommen war. Mit dem Einbringen neuen Festigungsmaterials würde dieses Problem sich möglicherweise zusätzlich langfristig noch verschärfen. Um die Unwägbarkeiten bei der weiterführenden Reduzierung von Übermalungen besser greifen zu

Abb. 2–4: Detail Wandbild Mittelschiff Vorzustand, Zwischen- und Endzustand

Abb. 5 – 6: Gesamtaufnahme Vorzustand und Endzustand Wandbild Mittelschiff können, entschied man, dass die beiden beauftragten Restauratorenteams zunächst größere Bildfelder exemplarisch bearbeiten sollten. Man wählte Bildfelder aus, die möglichst unterschiedliche Erhaltungszustände aufwiesen. Es sollte durch diese herantastende Vorgehensweise ausgelotet werden, ob und wie eine kontrollierte Abnahme umsetzbar und vertretbar ist und in welcher Weise man mit zurückhaltenden Retuschen die unterschiedlichen Bildbestände in ihrer Gesamtheit wieder zusammenführen kann. Aufgrund der positiven Ergebnisse entschied man, diesen Weg weiter zu verfolgen und das ursprüngliche Konzept einer reinen Bestandsbewahrung aufzugeben.

Restaurierung der Wandmalereien

Aufgrund des heterogenen und für jedes Gemälde variierenden Malereibestands musste nun für jedes Bild schrittweise während des Arbeitsprozesses entschieden werden, wie weit eine Reinigung und Abnahme und Reduzierung von Übermalungen tatsächlich geht, um ein konservatorisch nachhaltiges und optisch einheitliches Ergebnis zu erzielen. Das Reinigungsergebnis konnte zumeist erst nach dem Abtrocknen der Oberflächen endgültig beurteilt werden, so dass wiederholt abschnittsweise Reinigungsvorgänge mit Zwischentrocknungszeiten notwendig waren. Besonders empfindliche Abschnitte mit umfangreich abschollender Malschicht wurden mit Cyclododecan vorbehandelt. Prinzipiell war ein mehrstufiges Vorgehen nötig, je nach Bestand und Zustand der Malerei erfolgten eine Trocken- und Feuchtreinigung, die Anwendung von Reinigungskompressen unterschiedlicher Zusammensetzung und Dauer, von Ammoniumcarbonat und organischen Lösungsmitteln. Einen Leitfaden während der Reinigung und Abnahme von Übermalungen bildeten Farbfotos aus dem Bildarchiv Marburg, die vermutlich die Fassung von 1907/08 zeigen. Das Ergebnis zielte aber nicht auf die Wiederherstellung dieser Fassung. Die Farbfotos dienten lediglich der Orientierung während der Arbeit an den kaum noch lesbaren dunklen Bildern. Letztendlich bestimmten sowohl die Farbfotos als auch der noch erhaltene Malschichtbestand das Ergebnis. Mit der Reduzierung von halbdeckenden bis deckenden Übermalungen war es möglich, die dichten, teils auch spannungsreichen Malschichtpakete aufzubrechen. Dadurch verringerte sich die Menge an Festigungsmaterial, die notwendig war, den Bestand zu sichern. Eine weitere Verdichtung der Oberfläche ließ sich so vermeiden. Die nach der Reinigung und Abnahme der Übermalung in weiten Teilen stark reduzierten und mit Fehlstellen unterschiedlicher Größe übersäten Bilder mussten mit Hilfe einer kleinteiligen Strichretusche wieder ergänzt werden. Dies konnte nur in Stufen erfolgen, beginnend mit einer ersten beruhigenden Retusche bis hin zur Erarbeitung einzelner Bilddetails, bei der wiederum die Farbfotos des Bildarchivs Marburg als Leitfaden dienten.

Restaurierung Raumschale/Stuck

Die Restaurierung der Raumschale konnte weitgehend dem vorgesehenen Konzept entsprechend umgesetzt werden. Die durch aufsteigende Feuchtigkeit und Salze stark geschädigten Neuputzflächen der unteren Wandbereiche und der Pfeiler wurden ausgetauscht. Dabei kam nach der Putzabnahme auf annähernd allen Kalkstein- und Ziegelwänden ein dunkler Anstrich auf Teerbasis zum Vorschein, der im 19. Jahrhundert zur Abdichtung aufgebracht wurde. Vor der Anbringung des Neuputzes wurde diese Schicht im Trockeneisverfahren reduziert oder, wenn möglich, vollständig abgenommen.

In den stark geschädigten Putz- und Stuckbereichen oberhalb des abgenommenen Sockelputzes im östlichen Gebäudeteil erfolgte durch wiederholten Auftrag von Mineralkompressen eine Salzminderung. Bei der Stuckrestaurierung wurden neben den bestandssichernden Eingriffen auch Ergänzungen ausgeführt. Insbesondere in den salzgeschädigten Zonen waren Überarbeitungen und Rekonstruktionen der oberflächlich stark reduzierten oder komplett zerstörten Stuckornamentik in großem Umfang nötig. Aber auch in anderen Bereichen des Ornamentstucks und der Profile waren kleinere und größere Stuckfehlstellen als Antragstuck neu zu modellieren.

Abb. 7–8: Schriftkartusche nach Reinigung, Fassung 1954/55 und Schriftkartusche Neufassung

Die farbig gefassten Stukkierungen wurden trocken gereinigt, Fehlstellen retuschiert, Teilbereiche farblich ergänzt oder neu gefasst. Die Wandflächen und Gewölberücklagen fasste man in Kalktechnik in einem leicht abgetönten Weißton komplett neu.

Bei den Schriftbändern und Schriftkartuschen entschied man sich für eine Neugestaltung in Anlehnung an das Schriftbild der Fassung von 1907, die auf einigen historischen Fotos überliefert ist. Anstelle der sehr schlichten rosafarbenen Gestaltung der 1950er-Jahre wurden die Inschriften nun mit Blattgold auf Mordent ausgeführt. Wesentlich dabei war auch eine Überarbeitung des Schriftinhalts, der in der Bestandsfassung zahlreiche Fehler aufwies. Bei zwei Apostelbildnissen des Mittelschiffs ergänzte man die Attribute holzbildhauerisch, da diese nur noch bruchstückhaft erhalten waren.

Abb. 9–11: Apostelmedaillons. Zustand um 1940, 2010 (Vorzustand) und 2015 (Endzustand)

Ergebnis

Raumschale und Wandmalereien wirken nach der Restaurierung insgesamt harmonisch. Die gefassten Oberflächen vermitteln einen einheitlichen, gleichmäßigen und aufgehellten Eindruck. Auch die einzelnen Gemälde mit ihren unterschiedlichen Beständen stellen, in ihrer Gesamtheit betrachtet, eine ästhetische Einheit dar. Im Vergleich zum Vorzustand sind die Darstellungen jetzt klarer zu sehen, die verschiedenen Bildebenen sind wieder erkennbar.

Bruno Fromm

Gefasste Ausstattung

Die gefasste Ausstattung der St.-Kassianskirche stammt aus unterschiedlichen Zeiten und Stilepochen. Erst seit der großen Renovierungsphase aus den Jahren 1907/08 werden die Ausstattungsstücke zusammen im Kirchenraum präsentiert.

Die Ausstattung umfasst neben den drei Hauptaltären das Orgelgehäuse, den Kreuzwegzyklus, mehrere Wandfiguren sowie den gotischen Kassiansaltar.

Der Kassiansaltar wurde vermutlich 1498 von einer Regensburger Werkstatt als Hochaltar hergestellt (vgl. den Beitrag von Eugen Trapp, Die Bau- und Austellungsgeschichte im Überblick, S. 13 ff.). Er verblieb in der Kirche bis ins 18. Jahrhundert, wurde dann aber bei der umfassenden Umgestaltung von St. Kassian in den Jahren 1749 bis 1760 durch einen neuen ersetzt.[1] Der Bildhauer Johann Baptist Dirr erstellte den neuen Hochaltar[2] und integrierte die 1747 aus dem Minoritenkloster übertragene Figur der Schönen Maria.[3] Die Skulptur wird Hans Leinberger um 1520 zugeschrieben.

Über den Verbleib des gotischen Flügelaltars berichtet Joseph Lukas: »Der alte Hochaltar des hl. Cassian wurde zerrissen, der Schrein und das Bild des Martyrers auf den Kirchenboden geworfen, die Reliefs des zerschlagenen Altarflügels, welche das Martyrium des Heiligen darstellen, wurden an den Wänden des Presbyteriums angenagelt.«[4]

Die beiden Seitenaltäre stammen vermutlich auch aus der Zeit um 1750. Zwei weitere, um 1780 entstandene Nebenaltäre befinden sich heute in der Regensburger Karmelitenkirche.[5]

Bei der umfangreichen Kirchenrestaurierung der Jahre 1863–1865 wurde die Ausstattung der Kirche erneut stark verändert. Der Hochaltar wurde entfernt und wiederum durch einen neuen, heute nicht mehr existierenden Ziborienaltar ersetzt.[6]

Die Skulptur der Schönen Maria bekam auf dem südlichen Seitenaltar einen neuen Standort.[7] Assistierend wurden die neu geschaffenen Figuren der Heiligen Lukas und Johannes aufgestellt. Ebenso erhielt der nördliche Seitenaltar neue Figuren und wurde zum »Kreuzaltar« umgewandelt.[8] Bei dieser Maßnahme bekam die Architektur der beiden Altäre eine Neufassung.

Die Bildhauer Gebrüder Seybald aus Hengersberg, die die Figuren der Seitenaltäre schufen, fertigten auch den neuen reliefgeschnitzten Kreuzweg inklusive Rahmen.[9]

Schließlich wurde auch der Kassiansaltar unter Verwendung der originalen Hauptfigur, Teilen des ursprünglichen Schreins und der erhaltenen Reliefs wiederhergestellt und in der Grabkapelle aufgebaut.[10]

1 Kurz, Johann Baptist: Die St. Cassianskirche in Regensburg, Kirchenführer 1991, 6.
2 Das 1759 angefertigte Holzmodell des Altars ist bis heute erhalten.
3 Die Kunstdenkmäler von Bayern. Stadt Regensburg, 174.
4 Lukas, Joseph: St. Cassian und seine Kirche in Regensburg, Regensburg 1865, 14.
5 Dehio, Georg: Handbuch der Deutschen Kunstdenkmäler Bayern V: Regensburg und die Oberpfalz, 1991, 516.
6 Kagermeier, Monika: Die Stiftspfarrkirche St. Kassian in Regensburg. Baugeschichte – Restaurierungen – Vorbereitende Untersuchungen für ein Sanierungskonzept; Masterarbeit 2006, 16.
7 Lukas (wie Anm. 4), 31.
8 Ebd., 32.
9 Bischöfliches Zentralarchiv, Alte Kapelle.
10 Lukas (wie Anm. 4), 34 f.

Abb. 1: Detail von der Außenseite der Flügel des Kassiansaltars vor der Restaurierung. Schäden wie Fassungsabhebungen, -ausbrüche, veränderte Retuschen sind zu erkennen.

Abb. 2: Musterfläche zur Restaurierung der Außenseite der Flügel des Kassiansaltars

Weniger als 50 Jahre später, bei der Restaurierung 1908/09, sollten die Veränderungen des 19. Jahrhunderts an der Ausstattung in großen Teilen bereits wieder rückgängig gemacht werden. Man entschied sich für das Entfernen des Hochaltars und die Rekonstruktion des Rokokohochaltars aus dem 18. Jahrhundert.[11] Dabei konnte das erhaltene Originalmodell des Bildhauers Johann Baptist Dirr als Vorlage verwendet werden.

Auch die beiden Seitenaltäre wurden in ihrem Erscheinungsbild durch Freilegungen und Neuvergoldungen wieder auf das Rokoko zurückgeführt. Allerdings behielt man zunächst noch die Assistenzfiguren des 19. Jahrhunderts bei. Erst später wurden diese durch die bis heute vorhandenen barocken Votivkästchen ersetzt.

Mit dem vermutlich 1914 in barocken Formen geschaffenen Orgelprospekt erhielt die Ausstattung weitgehend ihr heutiges Aussehen. Im weiteren Verlauf des 20. Jahrhunderts kam es bis auf wenige kleine Veränderungen zu keinen wesentlichen Um- bzw. Neugestaltungen mehr.

Für die nun durchgeführte Restaurierung der Ausstattung bildete der Bestand aus der Renovierungsphase von 1908/09 die Ausgangslage, da hier für den an sich inhomogenen Objektbestand eine verbindende Grundlage vorliegt. Der damalige Zustand sollte deshalb möglichst wiedergewonnen werden.

11 Kagermeier (wie Anm. 6), 17.

Abb. 3: Kassiansaltar mit geöffneten Flügeln nach der Restaurierung

Abb. 4: Detail vom linken Pilaster des Hochaltars: Die untere Bildhälfte zeigt den Vorzustand am Hochaltar mit seiner starken Verschmutzung. In der oberen Bildhälfte ist der Endzustand nach der Reinigung, sowie Kittung und Retusche von kleineren Fehlstellen zu sehen.

Dazu wurde im Jahr 2011 eine eingehende Untersuchung der zu restaurierenden Objekte durchgeführt. Die Untersuchung sollte zum einen weitergehende Informationen zur Geschichte der Objekte erbringen und zum anderen den Istzustand genau erfassen, um daraus ein schlüssiges, für alle Objekte übergreifendes Gesamtkonzept zur Restaurierung entwickeln zu können. Durchgeführte Proben und Musterflächen dienten zur Prüfung der Umsetzbarkeit des Konzeptes.

Bei der Begutachtung des Zustands der Objekte fielen vor allem die umfangreichen Schäden an den beiden Seitenaltären besonders auf. Die starke Durchfeuchtung der angrenzenden Mauern hatte im Laufe der Zeit auch die Holzkonstruktion der Altäre stark in Mitleidenschaft gezogen. Holzverbindungen und -verleimungen lösten sich und beeinträchtigten damit die Statik der Altaraufbauten. Holzschädlinge fanden in diesem Umfeld gute Lebensbedingungen und schwächten die Hölzer weiter, so dass es schließlich zu Rissen und Brüchen kommen konnte. In diesem Zusammenhang litten auch die marmorierten Oberflächen und Vergoldungen. Es kam zu Abhebungen und Verlusten der Fassung. Eine alle Objekte gleich betreffende extrem starke und hartnäckige Verschmutzung komplettierte das Schadensausmaß. Schließlich litt das Erscheinungsbild der Altäre durch teilweise qualitativ schlecht durchgeführte Ausbesserungen.

Proben zu den verschiedenen Restaurierungsschritten wurden erstellt und in enger Abstimmung mit den zuständigen Vertretern von Diözese und Denkmalpflege diskutiert. Die Arbeitsphase wurde durch Musterflächen und exakte Beschreibungen ergänzt. Sie bildeten die verbindlichen Vorgaben für die beiden ausführenden Firmen Preis & Preis, Regensburg und Ulrich Weilhammer, Gangkofen.

Abb. 5: Hochaltar nach der Restaurierung

Abb. 6: Blick zur Empore mit Orgelprospekt

Mit Beginn der Restaurierung des Kircheninnenraums mussten Teile der Ausstattung demontiert und ausgelagert werden. Bei der Restaurierung lag zunächst der Schwerpunkt in den konservatorischen Arbeiten an den Objekte. Instabile Hölzer waren zu festigen und zu ergänzen; gestörte Holzverbindungen wieder herzustellen. Die gefährdeten Farbfassungen und Vergoldungen bedurften einer Festigung und Refixierung. Umfangreich und schwierig waren die Reinigungsarbeiten. In der Verbindung von über 100 Jahren Staub- und Schmutzablagerungen mit immer wieder starken Durchfeuchtungen hatte sich speziell in den Auflageflächen eine hartnäckige Schmutzkruste ausgebildet.

In mehrfachen Zyklen mussten speziell auf die jeweiligen Oberflächen abgestimmte Reinigungssysteme eingesetzt werden. Mit ausgewählten Lösungsmitteln wurden unsauber ausgeführte sowie farblich veränderte Ausbesserungen früherer Restaurierungen entfernt. Durch Kittung und Retusche konnten die Schad- und Ausbruchstellen wieder geschlossen werden.

Heute präsentiert sich die Ausstattung in einem harmonischen Erscheinungsbild, das zugleich aber auch die unterschiedlichen restaurierungsgeschichtlichen Verläufe der Ausstattungsobjekte respektiert.

Andreas Scheuch

Die Restaurierung der holzsichtigen Ausstattung

Die in der Stiftspfarrkirche St. Kassian heute vorhandene holzsichtige Ausstattung umfasst das Laiengestühl bestehend aus vier Blöcken mit kunstvoll geschnitzten Gestühlswangen aus Eiche, vier offene, mit Schnitzornamenten verzierte Beichtstühle, aufwendig gestaltete Altarschranken vor dem Hochaltar und den beiden Seitenaltären sowie ein großzügig gearbeitetes Sakristeimobiliar in der Hauptsakristei im südwestlichen Seitenschiff wie auch in der sogenannten Oberen Sakristei, ein holzvertäfelter Raumeinbau im Bereich des Dachraums des südlichen Seitenschiffes.

Über doppelflügelige Eichenportale auf der West- und Nordseite gelangt man ins Innere der Kirche, die in den Jahren 1749–1760 grundlegend umgestaltet wurde. Aus dieser Bauphase stammen sowohl das Kirchenmobiliar, nachweislich 1757 die Anfertigung eines neuen Laiengestühls, wie auch die sonstigen holzsichtigen Ausstattungsgegenstände der Stiftspfarrkirche.[1]

In den Jahren 2010 und 2011 wurden parallel zu den übrigen Fachbereichen sämtliche zu restaurierenden Ausstattungsteile eingehend begutachtet. Ziel der geplanten Voruntersuchungen war die Konzepterstellung zur Restaurierung der gesamten holzsichtigen Ausstattung. Der überkommene Zustand sollte respektiert werden, jedoch war die Wiederherstellung eines gepflegten und für die kirchliche Nutzung geeigneten Erhaltungszustands zu erreichen.

Die klimatisch ungünstigen Voraussetzungen im Kirchenraum – sichtbare Durchfeuchtung der Böden und des aufgehenden Mauerwerks – haben das Kirchenmobiliar stark beeinträchtigt. Neben vermorschten Unterkonstruktionen haben sich viele Holzverbindungen und Leimfugen geöffnet. Vereinzelte Bauelemente, Profilleisten und Zierapplikationen gingen verloren.

Nach zahlreichen Proben, Arbeitsmustern und Abstimmungsgesprächen entschied man sich, die Restaurierung dahingehend auszurichten, dass unter Berücksichtigung der großen Maßnahme von 1863–1865,[2] bei der die Gestühlspodien und die Kirchenportale erneuert wurden, die Renovierungsphase von 1908/09[3] die Ausgangslage bilden sollte.

Die Phase der Voruntersuchungen wurde durch das Erstellen verbindlicher Musterflächen begleitet. Die Proben dienten zudem dem Abgleich der von den übrigen Restaurierungsgewerken erstellten Mustern, so dass ein einheitliches Erscheinungsbild des Kirchenraums sichergestellt war. Eine exakte Beschreibung der auszuführenden Arbeiten bildete die Vorgabe für die beiden ausführenden Firmen.

Die Restaurierung am Kirchenmobiliar, den Altarschranken und an den Sakristeimöbeln wurden von der Restaurierungswerkstatt Maximilian Knidlberger, München, ausgeführt, die Türen und Portale wurden von der Restauratorengemeinschaft Pfeifer + Puppich, Regensburg, bearbeitet.

Unter Berücksichtigung von Abnutzungs- und Zeitzeichen wurden die in Teilen durchfeuchteten Randbalken und Lagerhölzer der Gestühlspodeste nach restauratorischen Richtlinien saniert, unter-

1 Kagermeier, Monika: Baugeschichte und Restaurierung der Stiftspfarrkirche St. Kassian in Regensburg 2006, 5.
2 Ebd., 15 f.
3 Ebd., 16 f.

Abb. 1: Sakristeischrank mit abgelaugter Oberfläche (Vorzustand) und Oberflächenmuster

Abb. 2: Sakristeischrank nach Restaurierung und Oberflächenrekonstruktion

Abb. 3: Beichtstuhl mit Bearbeitungsmuster

Abb. 4: Beichtstuhl nach Restaurierung

seitig ergänzt und die Oberflächen behutsam gereinigt. Die Spuren einer intensiven Nutzung über viele Jahrzehnte konnten so erhalten werden.

Unsachgemäße deckend braun ausgeführte Überstreichungen an den qualitätvollen geschnitzten Gestühlsdocken aus dem 20. Jahrhundert wurden entfernt, Holzfehlstellen an den Bänken und den Gestühlswangen wurden ergänzt und Verluste an der historischen Oberfläche rekonstruiert.

Die historischen Kniebänke wurden erhalten und um neue, handwerklich gefertigte ergänzt. Da Erhaltungszustand und Restaurierungsgeschichte vergleichbar waren, konnte das Konzept der Restaurierung der Kirchenbänke im Wesentlichen für Beichtstühle und Altarschranken übernommen werden.

Seit 1760 befindet sich im südlichen Seitenschiff die Sakristei der Kirche. Die veredelte Oberflächenbeschichtung und die noch fragmentarisch gefundenen maserierten Fassungsreste wurden vermutlich im 20. Jahrhundert abgelaugt. Das sichtbare Nadelholz der Fassaden wurde mit einem Kunstharzlack gestrichen. Auf der Grundlage noch vorhandener historischer Oberflächenfragmente konnte die ursprüngliche Farbigkeit der Möbel wieder zurückgeführt werden. Fehlende Beschlagteile, Schlösser und Schlüssel wurden nach Vorbild oder an Hand von Licht- und Schattenabdrücken rekonstruiert und wieder hinzugefügt. Das Möbel präsentiert sich heute in einem selbstverständlichen Zustand und bildet den Blickpunkt in der neu gestalteten Sakristei.

Die umfangreiche Restaurierung an der holzsichtigen Ausstattung begann im Frühsommer 2012 und wurde mit Unterbrechungen in den Wintermonaten im Sommer 2015 abgeschlossen. Nahezu alle Maßnahmen wurden vor Ort in der Kirche durchgeführt. So war gewährleistet, dass den teilweise empfindlichen Holzbauteilen keine zusätzlichen Schäden zugefügt wurden.

1760

Kerstin Weinert

Die Restaurierung der Steinobjekte

Die Steinobjekte in der Stiftspfarrkirche St. Kassian umfassen die ehemalige gotische Sakristei mit dem ausgemauerten Lanzettbogenfenster, der Sakramentsnische und das netzartige Gewölbe mit figürlich gestalteten Gewölbekonsolen und Schlussstein. Des Weiteren die Epitaphplatten zur Erinnerung an die Kirchenrenovierungen, ein stuckgerahmtes Relief mit Darstellung der Ölbergszene, die Epitaphplatte der Elisabeth Graner, den steinernen Altar aus der Umgestaltung 1863–1865, alle Natursteingewände, die Treppenanlagen der beiden Eingänge, die Weihwasserbecken und den Bodenbelag.

Schriftband

In der östlichen Wand des nach Süden anschließenden Innenhofs befindet sich zudem ein frühmittelalterliches, steinernes Schriftband, das die Bautätigkeiten Anfang des 14. Jahrhunderts dokumentiert. Dieses ist als Spolie auf Höhe der Fensterbänke des nach Süden an den Chor der Kassianskirche angebauten Stiftsgebäudes eingelassen. Die in den Kalkstein vertieft gearbeiteten Buchstaben weisen zahlreiche Reste einer harzgebundenen, farbigen Füllung auf. Das Schriftband wurde gereinigt, die Füllungen der Schriftzeichen konserviert und Risse und Fehlstellen geschlossen und farblich angepasst. Um dieses wichtige Geschichtszeugnis vor direkter Bewitterung zu schützen, wurde ein Abdeckblech über die gesamte Länge eingebaut.

Schlussstein

Im Zuge von statisch notwendigen Verpressarbeiten wurden in der Außenwand des südlichen Seitenschiffs Spolien des abgetragenen Chorgewölbes mit dem gut erhaltenen Schlussstein entdeckt (vgl. Schmidt, S. 60). Das Abbruchmaterial war in einer vorgesetzten Wandschale als Füllmaterial eingesetzt. Der polychrom gefasste Schlussstein mit der Darstellung des Kirchenpatrons wurde ausgebaut und wird nach Konservierung der Fassung und zurückhaltender Retusche an der Ausbaustelle heute sichtbar präsentiert.

Kleine Sakristei

Die kleine Sakristei liegt zwischen Haupt- und nördlichem Nebenchor und wurde mit dem Neubau der Chöre um 1300 neu errichtet. Der Raum blieb von späteren Umgestaltungen weitgehend verschont und lässt mit seinem fünfstrahligem Rippengewölbe mit dem von Blattwerk umrahmten Schlussstein, den doppelgekehlten Rippen und den Kopfkonsolen die hohe Qualität der hochgotischen Kassianskirche erahnen.

Portal zur Sakristei mit Steingewände

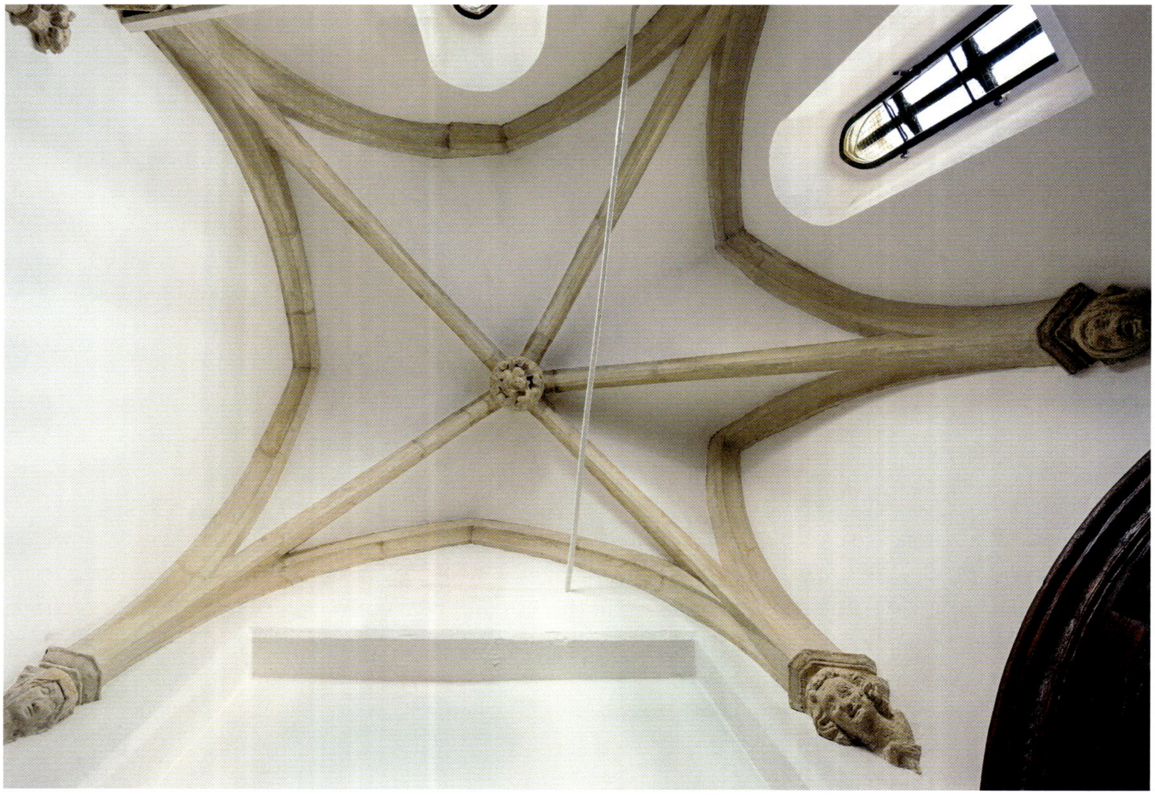

Abb. 1 und 2: Blick auf das Gewölbe der Kleinen Sakristei vor und nach der Restaurierung

Abb. 3–5: Figurkonsolen der Kleinen Sakristei

Das Gewölbe wurde im Zuge der letzten Instandsetzung dünnschichtig überputzt und farbig getüncht. Auch die Kalksteinoberfläche der erhaltenen giebelbekrönten Sakramentsnische wurde mehrfach übertüncht. Im Gegensatz zu dem für die Bildepitaphe gewählten Grünsandstein sind die aus Donaukalkstein gefertigten Objekte stabiler gegenüber Feuchte-und Salzbelastung. Die Oberflächen zeigten sich entsprechend fest, Abplatzungen waren meist die Folge mechanischer Belastung. Zahlreiche Tünchen überdecken die steinmetzmäßige Überarbeitung. Bei schlechter Untergrundanbindung wurden sie im Vergleich zu Fassungsresten nicht gesondert gesichert, sondern im Zuge der Reinigungsarbeiten entfernt.

Der Boden der kleinen Sakristei ist wie der Hauptraum mit Solnhofener Platten belegt. Im Zuge der Bodenreparatur wurde ein älterer, radial sternförmiger Natursteinboden entdeckt. Er befindet sich ca. 20 cm unter dem heutigem Laufniveau. Dieser ältere Bodenbelag ist aus Sandstein und Kalkstein verlegt. Er wurde nicht weiter bearbeitet und bleibt als Bestand im Boden erhalten.

Gedenkplatten

Viele bauliche Veränderungen der Kirche sind durch Gedenkplatten dokumentiert und haben sich im Eingangsbereich und der Südwand der Kirche erhalten.

Die Keilschrift und das Ornament dieser Platten sind vergoldet. Die Vergoldung ist bereichsweise stark ausgedünnt und weist vereinzelte Fehlstellen auf. Die Epitaphe sind aus einem feinen, dichten Plattenkalk gefertigt. Die Epitaphplatte aus dem Jahr 1604 ist zweigeteilt. Der obere Bereich zeigt eine Mariendarstellung mit Zepter in einer Wappenumrahmung. Im gesamten oberen Plattenfeld haben sich zahlreiche Fassungsreste erhalten. Sie wurden im Zuge der Maßnahme konserviert. Die Fehlstellen im vergoldeten Bereich konnten entsprechend der direkten Umgebung in verschiedenen Ocker-Gelb-Tönen mittels Strichretusche farbig eingebunden werden. Der Rahmen und die Inschrift setzen sich nach abgeschlossener Restaurierung nicht überrestauriert vom gealterten Bestand ab.

In der Tradition wurde auch die Maßnahme 2007–2015 durch eine weitere Gedenkplatte dokumentiert. Sie nimmt das hochrechteckige Format des Bestands wieder auf. Auch das umlaufende Trauben-Blattornament wird aufgegriffen und zeitgemäß interpretiert.

Abb. 6: Epitaph Elisabeth Graner, Vorzustand, Detail

Epitaphe

Im Vergleich dazu zeigen die beiden Epitaphe aus Regensburger Grünsandstein ein deutlich anderes Verwitterungsbild. Sandende Oberflächen sind mit einer anderen Art der Festigung zu stabilisieren. Ein gleichmäßiges Festigkeitsprofil zu erzielen steht hier im Vordergrund. Die Reliefplatte mit der Darstellung der Ölbergszene ist rechts vor dem Zugang zur ehemaligen Heilig-Grab-Kapelle an die Wand montiert. Der Künstler ist unbekannt. Es wird auf 1480–1490 datiert. Der Bildhauer Friedrich Preckel hat im Zuge der Restaurierung 1864 das Objekt überarbeitet. Es war bereits 2005 erforderlich, das Relief auf Edelstahlhaken neu zu versetzen und die Oberfläche zu konsolidieren. Es waren große, konstruktiv wichtige Fehlstellen im Randbereich zu schließen.

Das ebenfalls aus Grünsandstein gearbeitete Epitaph der Elisabeth Graner ist als Hochrelief mit Profilrahmen gestaltet. Das Bildwerk wurde seit 1491 nie von seinem entstehungszeitlichen Aufstellungsort entfernt. Es ist zweiteilig aufgebaut und zeigt im oberen Bildteil die Heimsuchung Mariä und darunter die betende Familie. Die letzte Restaurierung wird für das Jahr 1864 festgehalten. Die Natursteinoberfläche zeigte zahlreiche Reste einer polychromen Fassung, welche erhalten blieben und gesichert wurden. Am detailliert gearbeiteten Kunstwerk waren feuchtebedingte Schäden offensichtlich. Die Oberfläche lag stellenweise hohl und war stark zurückgewittert. Eine Sicherung war dringend erforderlich ohne zugleich die Oberfläche zu verdichten. Durch das kleinflächige Aufbringen durchlässiger Massen aus Natursteinsanden konnten geschwächte Zonen stabilisiert und gelöste Schalen erneut angebunden werden. Eine Verwitterung kann nicht aufgehalten, sondern nur zeitlich verzögert werden.

Abb. 7: Epitaph Elisabeth Graner, Gesamtaufnahme nach der Restaurierung

Abb. 8: Bodenbelag während der Restaurierung. Aufnahme und Wiederverlegung einzelner beschädigter Bodenplatten nach deren Reparatur.

Bodenbelag

Eine besondere Herausforderung stellte der Bodenbelag aus Plattenkalk dar. Verlegt im Schachbrettmuster, ist er mit seinen gealterten Oberflächen ein wesentlicher Bestandteil des Kircheninnenraums. Ein neu verlegter Boden des gleichen, bruchfrischen Materials würde den warmen Farbton des Bestandsbodens nicht erreichen. Es wurde entschieden, den Boden nicht aufzunehmen, um den Verlust an Altbestand gering zu halten. Vorgeschädigte Platten konnten somit erhalten werden und ein Eingriff in den Boden war nicht erforderlich. Mit polierfähigen, mineralischen Ergänzungsmassen wurden Fehlstellen geschlossen und Risse verklebt.

Schwierigkeiten verursachte die Beschaffung passender Neuteile, die sich den gealterten Bestandsplatten in ihrem Erscheinungsbild anpassen sollten. Das zur Verfügung stehende neue Steinmaterial weicht größtenteils von der geforderten Homogenität ab, eine Farbintensivierung ist nur bedingt möglich.

Da St. Kassian inzwischen weit unter Umgebungsniveau liegt, entsteht eine Konzentration bedeutender Schadensmechanismen. Durch die Restaurierungsmaßnahmen konnte ein stabiler, gut nutzbarer Plattenbelag geschaffen werden, der sich harmonisch in den Gesamtraum einfügt. Eine Pflege und Beobachtung ist jedoch unabdingbar, da der Belag aufgrund des Niveaus der Kirche auch weiterhin starken Belastungen durch Feuchtigkeit und Salze ausgesetzt ist. Im Wissen um seinen Stellenwert als wichtiger Teil der Ausstattung der Kirche konnte der Boden in seiner Gesamtheit erhalten werden.

Im Vordergrund einer Restaurierung steht der Erhalt des vorgefundenen Zustandes. Inwieweit die vergangene Zeit ihre Spuren hinterlassen darf, wird vom jeweiligen Betrachter bereits sehr unterschiedlich beurteilt. Gealterte Oberflächen können wahlweise als verschmutzt oder als patiniert bezeichnet werden. Das Ziel sollte sein, die Objekte als Gesamtheit im Kirchenraum erlebbar zu machen. Sie dürfen nicht museal als Einzelstücke aus dem Ganzen heraustreten.

Menschen mit unterschiedlichem Hintergrund werden die Objekte aus verschiedenen Blickwinkeln heraus betrachten. Sie werden beurteilen, ob die Gratwanderung geglückt ist und sich ihnen ein erlebbarer und doch harmonischer Innenraum präsentiert.

Es bleibt zu hoffen, dass sich auch weiterhin Menschen finden, die die Besonderheiten des Gealterten sehen und sich auch in Zukunft dafür einsetzen und darin investieren.

Franz Steinberger

Die Neugestaltung der liturgischen Orte

Ein ca. 2,8 Tonnen schwerer massiver Altarstein aus kristallinem weißem Marmor bildet den Mittelpunkt der künstlerischen Neugestaltung der liturgischen Orte. Ambo und Priestersitz sind aus demselben Material gefertigt und stehen zusammen mit dem Altar auf einer ca. 12 m² großen, goldfarbenen Messingplatte, die das neue liturgische Zentrum bildet.

In der St. Kassianskirche konnten auf Grund der räumlichen Strukturen des Gebäudes sowie aus denkmalrechtlichen Aspekten die Forderungen des II. Vatikanischen Konzils nur in sehr einfacher Form umgesetzt werden.

Dem dreischiffigen, nahezu quadratischen Kirchenraum (25 × 22 m) schließt sich ein kleiner, durch eine Chorschranke abgetrennter Altarraum mit ca. 5 × 5 m an.

Der Chorraum wird zur Gänze von dem barocken Hochaltar eingenommen, auf dem bis zum Beginn der Innenrenovierung im Jahre 2012, der Gottesdienst in vorkonziliarer Weise gefeiert wurde. Da in dem historischen Chorraum für einen neuen Zelebrationsaltar kein Platz war, wurde vor der Chorschranke eine neue Altarinsel geschaffen, die eine große Nähe zu den Gläubigen herstellt. Die Altarinsel besitzt die gleiche Breite wie der historische Chorraum und wurde als 4 cm hoher Messingteppich vor die barocke Stufenanlage gelegt.

Obwohl der Eingriff in den historischen Kirchenraum sehr zurückhaltend ist, wird durch den räumlichen Bezug und die gewählte Materialität der liturgische Handlungsraum klar definiert.

Da die Gedanken, die zur Liturgiereform des II. Vatikanischen Konzils geführt haben, aus der Mitte des 20. Jahrhunderts stammen, kann für die Neugestaltung der liturgischen Orte nur eine zeitgemäße Formensprache gewählt werden.

Altar, Ambo und Priestersitz sind als massive Marmorblöcke mit einfachen Proportionen gestaltet, die in ihrer Reduktion die liturgische Bedeutung von Tisch, Pult und Stuhl darstellen.

Der weiße kristalline Marmor wird mit goldgelb gehämmertem Messing kombiniert, so dass trotz unterschiedlichen Größen und Ausformung eine untrennbare Einheit zwischen den liturgischen Orten entsteht.

Die in der Wettbewerbsauslobung vorgeschlagene Integration des gotischen Schlusssteins in den neuen Zelebrationsaltar wurde aus inhaltlichen und gestalterischen Gründen nicht weiter verfolgt.

Das Material für die Gestaltung der liturgischen Orte – Laaser Marmor – hat sich aufgrund verschiedener Aspekte nahezu aufgedrängt.

Marmor, zur Gesteinsgruppe der Metamorphite gehörend, ist in Jahrmillionen durch Kristallisation von Kalkstein entstanden. Das durch die Umwandlung entstandene kristalline Material des Altars ist eine Metapher für die Eucharistie, die Verwandlung von Brot und Wein zu Fleisch und Blut Christi.

Einer der reinsten Marmore kommt aus Laas im Vinschgau (Südtirol), aus der Region in der der Kirchenpatron St. Kassian im 4. Jahrhundert als Bischof von Säben / Brixen wirkte.

Die abstrakte weiße Materialität des Marmors fügt sich hervorragend in den barocken Kirchenraum ein und ruft durch seine Reinheit eine kostbare Anmutung hervor, welche für die inhaltliche Bedeutung der liturgischen Orte notwendig ist.

Abb. 1: Wettbewerbsmodell Altarraum im Maßstab 1:20, Wettbewerbsbeitrag Franz Steinberger

Abb. 2: Fotomontage neuer Zelebrationsaltar mit Ambo und Priestersitz, Wettbewerbsbeitrag Franz Steinberger

Abb. 3: Hochaltar und neue liturgische Orte

TEMPLUM
S. CASSIAN
OLIM
IDOLORUM

Projektbeteiligte

Bauherr

Kollegiatstift Unserer Lieben Frau zur Alten Kapelle
Schwarze-Bären-Straße 7, 93047 Regensburg

Stiftsdekan Prof. Dr. Norbert Glatzel
Stiftsadministrator Prälat Robert Thummerer
Geschäftsführer Christian Wanninger

Diözese Regensburg

Bischöfliches Ordinariat
Niedermünstergasse 1, 93047 Regensburg

Bischöfliches Baureferat
Baudirektor Paul Höschl

Bischöfliche Finanzkammer
Finanzdirektor Alois Sattler

Stadt Regensburg

Amt für Archiv und Denkmalpflege
Keplerstraße 1, 93047 Regensburg

Dr. Eugen Trapp
Dr. Lutz Dallmeier

Fachberatung

Bayerisches Landesamt für Denkmalpflege
Hofgraben 4, 80539 München

Gebietsreferenten:
Dr. Harald Gieß
Dr. Holger Mertens
Dr. Michael Mette
Dr. Michael Schmidt

Archäologie:
Dr. Silvia Codreanu-Windauer

Bauforschung:
Karl Schnieringer

Restaurierungswerkstätten:
Andreas Müller – gefasste Ausstattung
Bernd Symank – Raumschale, Stuck, Malerei
Dr. Katharina von Miller – holzsichtige Ausstattung
Christine Kern – Naturstein

Fördermittelgeber

Diözese Regensburg

Entschädigungsfonds Bayern

Bayerische Landesstiftung

Bezirk Oberpfalz

Deutsche Stiftung Denkmalschutz

Bund-Denkmalschutzsonderprogramm

Bund-Investitionsprogramm nationale UNESCO-Welterbestätten

Ernst von Siemens Kunststiftung

Putto mit Tiara

Außenrenovierung

Planung und Bauleitung
Architekturbüro A2
Wahlenstraße 24, 93047 Regensburg

Tragwerksplanung
Ingenieurbüro Peter Hofmann
Adolf-Schmetzer-Straße 19a, 93055 Regensburg

Fachbauleitung Naturstein
Steinwerkstatt
Auweg 42a, 93055 Regensburg

Vermessung
Ingenieurbüro Janka
Amberger Straße 10a, 92421 Schwandorf

Baugrundgutachten
Baugrundinstitut Klein + Winkelvoß GmbH
Eichendorffstraße 35, 93053 Lappersdorf

Sicherheits- und Gesundheitsschutz
Ferdinand Fuchs
Sudetenstraße 7, 93197 Zeitlarn

Archäologie
Stephanie Weindl (verh. Zuber)
Sedanstraße 19a, 93055 Regensburg

Bauforschung
Dr.-Ing. Maren Lüpnitz
Graf-Geßler-Straße 12, 50679 Köln

Holztechnische Untersuchung
Holz- und Bautenschutz Susann Gürtler
Händelstraße 11, 08525 Plauen

Raumluftmessung und Arbeitsschutz
Ingenieurbüro Lubag
Im Gewerbepark D60, 93059 Regensburg

Spezialtiefbauarbeiten
Baugrundlabor Zwickau
Langenhessener Straße 10, 08412 Königswalde

Abbau Obere Sakristei
Atelier für Restaurierung
Meiler Puppich Leonhardt
Wiesmeierweg 8, 93047 Regensburg

Zimmer- und Holzbauarbeiten
Semmler Holzbau GmbH
Painterweg 16, 93155 Hemau

Gerüstarbeiten
Eis Stahlgerüstbau GmbH
Kronacher Straße 7, 93057 Regensburg

Spenglerarbeiten
Zeitler Badstudio & Spenglerei
Querweg 3, 93358 Train

Dachdeckungsarbeiten
Hofbauer-Holzbau
Leprosenstraße 7, 93333 Neustadt a. d. Donau

Kirchenfenster
Rothkegel GmbH & Co. KG
Huberstraße 2a, 97084 Würzburg

Natursteinfassade
Monolith Bildhauerei und Steinrestaurierung GmbH
Waizendorfer Straße 11, 96049 Bamberg

Anstricharbeiten
Rudolf und Martin Eis Restaurierungswerkstätten
Industriestraße 2–4, 93138 Lappersdorf

Blitzschutzarbeiten
Technischer Revisions- und Prüfdienst und Blitzschutzbau
Sulzbacher Straße 81, 90489 Nürnberg

Inneninstandsetzung

Projektleitung, Planung und Bauleitung
Michael Feil Architekt
Bruderwöhrdstraße 12, 93055 Regensburg

Fachbauleitung Raumschale
Claudia Salzberger
Arberstraße 14, 94428 Eichendorf

Fachbauleitung gefasste Ausstattung
Bruno Fromm
Jurastraße 4, 92331 Parsberg

Fachbauleitung holzsichtige Ausstattung
Andreas Scheuch
Nymphenburger Straße 106, 80636 München

Fachbauleitung Naturstein
Kerstin Weinert
Steinwerkstatt
Auweg 42a, 93055 Regensburg

Elektro- und Beleuchtungsplanung
Ingenieure Bamberger GmbH & Co. KG
Schwemmfeld 18, 85137 Pfünz

Tragwerksplanung
Ingenieurbüro Peter Hofmann
Adolf-Schmetzer-Straße 19a, 93055 Regensburg

Sicherheits- und Gesundheitsschutz
Ferdinand Fuchs
Sudetenstraße 7, 93197 Zeitlarn

Bauphysikalische Beratung
Institut für Gebäudesanierung und Sanierungsplanung
München GmbH
Miesbacher Straße 21, 83727 Schliersee

Altarraumgestaltung
Franz Steinberger
Welserstraße 17, 81373 München

Archivalienforschung
Dr. Stefan Nadler
Tribulaunstraße 3, 81739 München

Digitales Gebäudearchiv
Anke Romanow
Obermünsterstraße 8, 93047 Regensburg

Fotografie
Uwe Moosberger
Altro – Die Fotoagentur
Einsteinstraße 7, 93055 Regensburg

Archäologische Begleitung
Adilo GmbH
Burgstraße 8, 92331 Parsberg

Bauforschung
Dr.-Ing. Maren Lüpnitz
Graf-Geßler-Straße 12, 50679 Köln

Fachberatung Holzschutzmaßnahmen
Rainer Sgoff
Zietenstraße 1, 80807 München

Restaurierung Raumschale, Stuck, Wandmalerei
Restaurierungswerkstätten Onnen
Georg-Kügel-Ring 2a, 96114 Hirschaid

Neubauer Restaurierungswerkstätten GmbH
Chiemseestraße 59, 83093 Bad Endorf

Alexander Bendel
St. Ulrichstraße 27, 89331 Burgau

Porst & Zenger
Aventinstraße 37, 85051 Ingolstadt

Stefano Cafaggi
Am Sitzhoffeld 19, 93128 Regenstauf

Restaurierung gefasste Ausstattung

Preis & Preis
Werkstätten für Restaurierung
Eglwanger Straße 1, 92331 Parsberg

Weilhammer-Conservation
Frontenhausener Straße 46, 84140 Gangkofen

Restaurierung holzsichtige Ausstattung
Max Knidlberger
Arminiusstraße 9, 81543 München

Arbeitsgemeinschaft
Marc Pfeifer – Stefan Puppich
Prinzenweg 5, 93047 Regensburg

Restaurierung Naturstein
Nüthen Restaurierungen GmbH & Co. KG
Anton-Licius-Straße 14, 99085 Erfurt

Steinrestaurierung Bauer-Bornemann GmbH
Oberer Stephansberg 37, 96049 Bamberg

Planungsgruppe HBS
Vorderer Graben 14, 96047 Bamberg

Monolith Bildhauerei und Steinrestaurierung GmbH
Waizendorfer Straße 11, 96049 Bamberg

Steinbruch in Laas, Südtirol

Restaurierung Metall
Haber & Brandner GmbH
Lichtenfelser Straße 4, 93057 Regensburg

Restaurierung Orgel
Orgelbau Drewes Chlup
Bruderwöhrdstraße 11 B, 93055 Regensburg

Baumeisterarbeiten
Weigert Bauunternehmung GmbH & Co. KG
Spessartstraße 6, 93057 Regensburg

Metallarbeiten
Josef Scheidhammer
Jesenkofen 4, 84155 Bodenkirchen

Dielenbeläge
Max Braun
Am Kuffholz 14, 93138 Lappersdorf

Schreinerarbeiten
Schreinerei Simbürger
Niedersüßbacher Straße 8, 84101 Obersüßbach

Gerüstbauarbeiten
Eis Stahlgerüstbau GmbH
Kronacher Straße 7, 93057 Regensburg

Hauser Gerüstbau GmbH
Schulstraße 12, 93339 Riedenburg

Elektroinstallation
Elektro Kellner GmbH
Benzstraße 8, 93128 Regenstauf

Leuchtenbau
Metallbau Böhm GmbH
Industriestraße 24, 85072 Eichstätt

Beschallungsanlage
Beschallungs- und Kirchentechnik Nidermayer GmbH
Asternweg 1, 93053 Regensburg

Sitzbankauflagen
Ernst Schlor
Lederergasse 16, 84130 Dingolfing

Begasung und Taubenschutz
APC AG
Ostendstraße 132, 90482 Nürnberg

Zimmer- und Holzbauarbeiten
Haller Zimmerei – und Holzbau GmbH
Schönsteiner Straße 3, 94372 Plenting

Transport des neuen Altarsteins in die Kirche

Spenglerarbeiten
Zeitler Badstudio & Spenglerei
Querweg 3, 93358 Train

Fenster und Außentüren
Schreinerei Simbürger
Niedersüßbacher Straße 8, 84101 Obersüßbach

Trockenbauarbeiten
Raumgestaltung Fleischmann
Ambergerstraße 132, 93057 Regensburg

Estricharbeiten
Brandl Innenausbau GmbH
Regensburger Straße 76, 93309 Kelheim

Bodenbelagsarbeiten
Scholz Naturstein GmbH
Pentlhofstraße 18, 93197 Zeitlarn

Anstricharbeiten
Eckert Malermeister
Am Gries 3, 93059 Regensburg

Außenanlagen
Garten- und Landschaftsbau Pohl GmbH & Co. KG
Am Taschinger Berg 2, 93413 Cham

Sanitärarbeiten
Josef Diewald
Dr.-Hermann-Braun-Straße 6a, 93152 Nittendorf

Bautafel
Schreinerei Sixt
Hauptstraße 4, 93349 Mindelstetten

Walter Werbetechnik
Böhmerwaldstraße 107a, 93173 Gonnersdorf

Bildnachweis

Umschlagabbildungen und Frontispiz: Altro Fotoagentur, Uwe Moosburger

Geleitwort des Bischofs, S. 7: Bischöfliches Ordinariat Regensburg

Geleitwort des Stiftsdekan, S. 9: Kollegiatstift Alte Kapelle

Abb. S. 12: altrofoto, Uwe Moosburger

Die Bau- und Ausstattungsgeschichte im Überblick
Abb. 1–3: altrofoto, Uwe Moosburger
Abb. 4 und 5: Historisches Museum der Stadt Regensburg

»Geschichte« als Wirkprinzip
Abb. 1–4: altrofoto, Uwe Moosburger
Abb. 5 und 6: Historisches Museum der Stadt Regensburg
Abb. 7: Kollegiatstift Unsere Liebe Frau zur Alten Kapelle
Abb. 8: Bischöfliches Zentralarchiv Regensburg
Abb. 9: altrofoto, Uwe Moosburger

Bilder für eine Pfarr- und Wallfahrtskirche
Abb. 1–4: altrofoto, Uwe Moosburger

Archäologische Untersuchungen zur frühen Baugeschichte von St. Kassian
Abb. 1: R. Röhrl, BLfD
Abb. 2 und 3: Peter Ferstl, Lichtbildstelle der Stadt Regensburg
Abb. 4: Fa. Adilo, Parsberg
Abb. 5: R. Röhrl, BLfD

Der Schlussstein des heiligen Kassian und die Baugeschichte der Stiftspfarrkirche »um 1300«
Abb. 1: altrofoto, Uwe Moosburger
Abb. 2: Historisches Museum der Stadt Regensburg
Abb. 3: altrofoto, Uwe Moosburger
Abb. 4: Maren Lüpnitz
Abb. 5: Kollegiatstift Unsere Liebe Frau zur Alten Kapelle
Abb. 6: Karl Schnieringer, BLfD

Abb. S. 70: altrofoto, Uwe Moosburger

Leinbergers »Schöne Maria« in St. Kassian
Abb. 1 und 2: altrofoto, Uwe Moosburger
Abb. 3: Museen der Stadt Regensburg
Abb. 4: Historisches Museum der Stadt Regensburg
Abb. 5: Kollegiatstift St. Johann, Regensburg, Repro aus: Wolfgang Neiser, Die Wallfahrt zur »Schönen Maria zu Regensburg«, in: das münster 4 (2010), S. 243
Abb. 6: altrofoto, Uwe Moosburger
Abb. 7: Anton Brandl, München

Die Glocken der Stiftspfarrkirche St. Kassian
Abb. 1 und 2: altrofoto, Uwe Moosburger

Die Beinhauskapelle von St. Kassian
Abb. 1: Michael Feil
Abb. 2: Michael Bengler
Abb. 3–6: altrofoto, Uwe Moosburger
Abb. 7–9: Michael Feil

Die Inneninstandsetzung der Stiftspfarrkirche St. Kassian
Abb. 1: Michael Feil
Abb. 2–7: altrofoto, Uwe Moosburger

Abb. S. 102: altrofoto, Uwe Moosburger

Die Restaurierung von Raumschale und Wandmalerei
Abb. 1: altrofoto, Uwe Moosburger
Abb. 2–4: Firma Porst&Zenger
Abb. 5 und 6: altrofoto, Uwe Moosburger
Abb. 7–9: Unbekannt, Fotothek Institut München
Abb. 10–11: altrofoto, Uwe Moosburger

Gefasste Ausstattung
Abb. 1 und 2: Fa. Fromm
Abb. 3: altrofoto, Uwe Moosburger
Abb. 4: Fa. Fromm
Abb. 5 und 6: altrofoto, Uwe Moosburger

Die Restaurierung der holzsichtigen Ausstattung
Abb. 1–4: altrofoto, Uwe Moosburger

Abb. S. 120: altrofoto, Uwe Moosburger

Die Restaurierung der Steinobjekte
Abb. 1–5: altrofoto, Uwe Moosburger
Abb. 6: Steinwerkstatt
Abb. 7: altrofoto, Uwe Moosburger
Abb. 8: Michael Feil

Die Neugestaltung der liturgischen Orte
Abb. 1 und 2: Franz Steinberger
Abb. 3: altrofoto, Uwe Moosburger

Abb. S. 132: Christian Wanninger
Abb. S.133: Franz Steinberger